KB075356

영화로 세상 보기

유지나의 시네 에세이

영화로 세상 보기

연암서가

지은이 **유지나**

이화여자대학교 불어불문학과를 졸업하고, 프랑스 파리7대학 기호학과 대학원(영상기호학)에서 박사학위를 받았다. 현재 동국대학교 영화영상학과 교수·영화평론가로 활동하고 있다. 세계문화다양성 증진에 기여한 공로로 프랑스 정부로부터 학술훈장을 받았고, 2005 동국대 명강의상을 받았다. 2008년부터 '유지나의 씨네 콘서트', '유지나의 씨네 토크'를 영화, 음악, 시가 어우러진 퓨전 콘서트 형태로 창작하여 다양한 무대에서 펼쳐 보이고 있다.

지은 책으로 『페미니즘 영화 여성(공저)』, 『여성 영화 산책』, 『영화, 나를 찾아가는 여정(공저)』 등이 있고, 옮긴 책으로는 『시나리오란 무엇인가』, 『시나리오 작가를 위한 심리학』, 『영화의 역사: 이론과 실제』, 『영상 기호학』, 그리고 마르그리트 뒤라스의 『말의 색채』 등이 있다.

유지나의 시네 에세이

영화로 세상 보기

2020년 2월 20일 초판 1쇄 인쇄
2020년 2월 25일 초판 1쇄 발행

지은이 | 유지나
펴낸이 | 권오상
펴낸곳 | 연암서가

등록 | 2007년 10월 8일(제396-2007-00107호)
주소 | 경기도 고양시 일산서구 호수로 896, 402-1101
전화 | 031-907-3010
팩스 | 031-912-3012
이메일 | yeonamseoga@naver.com

ISBN 979-11-6087-058-9 03680
값 15,000원

호모 루덴스 프로젝트

영화와 현실의 경계를 나누어 보는 시각은 존재해 왔다. 이를테면, "그건 그저 영화일 뿐이야.", "영화와 현실은 다른 것 아닌가요?"라는 말도 이상한 것이 아니다. 그런데 내겐 그 반대 상황이 벌어졌다. 지난 십여 년에 걸쳐 당시 상황을 다루는 시사 칼럼을 〈다산포럼〉을 비롯한 여러 매체에 써오면서 벌어진 상황이었다. 정작 칼럼 글쓰기를 하다 보니 내겐 현실과 영화가 하나로 돌아가는 경험이 발생한 것이다. 영화를 보듯이 세상을 보노라면, 현실적 아픔과 서글픔도 코믹한 부조리극처럼 보이기도 한다. "인생은 가까이서 보면 비극이지만, 멀리서 보면 희극"이라고 한 찰리 채플린의 명언이 감각적으로 다가온다. 그런 맥락에서 내겐 시사 칼럼 글쓰기가 영화 텍스트에 초점을 맞춘 영화평의 경계를 넘어선 '시네 에세이'형태로 다가온 또 다른 기회처럼 보인다.

1980년대 초, 늦은 밤 학교 도서관 서고에서 우연히 발견한 요한 하위징아의 『호모 루덴스』를 기둥에 기대 앉아 읽었던 적이 있다. 돌이켜보면 그때 이 책이 전해 주는 '놀이하는 인간'이란 주제에 끌려, 아픈 현실로부터 탈주하고픈 욕망에서 숨 가쁘게 읽어내려 갔던 것 같다. 그리고 세월이 흘러 21세기가 되어도 또 다른 형태로 아프게 다가오는 일상 속에서 살아갈 용기를 얻으려고 『호모 루덴스』를 다시 읽게 되었다. 세월이 흘러 좀 더 인생길을 걸어가면서 영화와 다양한 예술 텍스트들을 접하며 "예술은 고통을 먹고 산다"라는 메시지가 절실하게 느껴진다. 입시 면접에서 영화학 전공을 선택한 청년들에게 "취업이나 앞날이 보장되지 않는 영화 공부를 왜 하려고 하느냐?"라고 묻곤 한다. 그러면 "삶이 힘들 때, 영화보기가 유일한 낙(=놀이)이자 위로"라고 응수하는 그들의 답이 '호모 루덴스 프로젝트'의 공명처럼 다가온다.

그런 공감의 파장에 용기를 얻어 '호모 루덴스 프로젝트'로 수행한 글쓰기, 그리고 영화들을 재구성해 진행한 '씨네 토크', '씨네 콘서트' 등에서 나눈 흔적을 모아 책으로 펴내게 되었다. 4차 산업혁명시대 AI와 접속하는 일상, 그리하여 삶의 변화가 어느 때보다 절박한 2020년, 지난 십여 년에 걸친 '호무 루덴스 프로젝트'의 여정을 시네 에세이로 탄생시켜 준 연암서가 권오상 대표님께 감사의 마음을 전한다. 『호모 루덴스』 책과 함께 날아온 대표님의 격려 편지로부터 싹이 튼 시네 에세이가 또 다른 누군가에게도 호모 루덴스 코드로 작동하기를 꿈꿔 본다. 원고 마감 독촉에 시달리며 급히 끝내야 하는 글쓰기의 고통을 보람으로 변화시켜 준 다산연구소의 김대희 님, 현실과 영화를 아우르는 주제 선정과 브레인스토밍, 그리고 원고 교정도 함께 해준 동국대학교 김태환 조교님, 장세현 조교님에게도 감사의 마음을 전한다.

2020년 1월 29일
남산에서
유지나

● 여기 실린 시네 에세이들은 지난 십여 년에 걸쳐 시사 칼럼으로 게재된 것을 2020년 시점에서 정리하며 수정 보완한 것이다. 에세이 뒤 날짜는 집필 및 게재 시점을 표시한 것이다. 그런 의미에서 이 작업은 나 자신의 십여 년에 걸친 인생 여정을 돌아보게 해준 기회이기도 하다. 늘 현재 시간대로 진행되는 영화의 플래시백 효과(과거의 현재화)처럼….

차례

1. 시대와 세대 차이를 넘어

그들만의 세상에서 인간되기

<82년생 김지영>

최근 세상의 변화를 촉발하는 영화들이 연이어 개봉 중이다. 전업주부 엄마로 평범하게 살아가는 것처럼 보이는 한 여성의 일상을 다룬 소설 『82년생 김지영』(조남주)이 각색영화(김도영, 2019)로 확장되면서 흥행 돌풍을 불러일으키고 있다. 저출산 (초)고령화라는 인구절벽에 직면한 한국에서 아이 엄마는 고마운 존재일 수 있다. 그런데 남편이 벌어다 주는 생활비에 기대 살아가는 아이 엄마를 '맘충'이라 깎아내리면서도 유지되는 '현모양처론'은 과거 유산이다. 남편만큼 공부도 하고 사회생활도 했던 김지영이 바로 그런 모순에 직면하게 된다.

한복 여성과 양복 남성이라니

이러한 시대인식 차이는 결혼식과 장례식을 비롯한 의식에서 성별에 따른 옷차림새로 드러나기도 한다. 여성은 주로 한복을 입지만, 남성은 양복을 입는 의상 코드는 동시대의 비동시대성을 목격하게 만든다. 한복 여성과 양복 남성이 가족이나 동료로 공존하는 것은 낯설지 않은 풍경이다. 그런데 외계인이 이런 풍경을 본다면, "아! 이 지역은 여성이란 존재가 과거 전통을 지켜나가는 곳이구나!"라고 인식할 여지가 있다.

급격한 근대화와 경제발전을 이루는 가운데 남녀 동등 학력을 갖춘 1980년대 이후 세대에게 성차이가 성차별로 작동하는 일상은 숙명론으로 수용될 수 없다. 그런 이유로 김지영이 아픈 것은 이상한 일이 아니다. 우울증 여파로 윗세대 여성들에게 빙의된 그녀의 분열증을 보노라니 나혜석이 떠오른다.

한 세기 전, 개화기 조선 여성으로 예외적인 고등교육을 받으며 전방위 예술가로 활동하던 나혜석은 서울 용산시립병원에서 52세를 일기로 세상을 떠났다. 개인적 능력에도 불구하고 여성이기에 고통스런 인생길에 들어선 나혜석은 누군가의 아내나 엄마 이전에, "여자도 사람이외다"라고 선

〈82년생 김지영〉 포스터

언했다. 바로 그 외침이 김지영의 아픔과 절규로 반복되는 중이다. 이제와 다시 보니, 김지영의 우울증을 예고하듯이, 나혜석은 임신과 모성의 고통을 이렇게 토로한 바 있다.

"심신의 피곤은 인제 극도에 달하여, 정신은 광증이 발하고, 몸에는 종기가 끊일 새가 없었다."(「모(母)된 감상기」, 1923)

"엄마도 선생님 되고 싶었는데…. 국민학교 때까지 오남매 중에 엄마가 공부 제일 잘 했어. 근데 오빠들 공부 시키느라 청계천에서 옷을 만들었지." 아픈 딸 김지영 대신 손녀 육아를 맡아 주려고, 바쁘게 해오던 식당 영업조차 접으려는 친정엄마의 이런 회고담은 현재진행형 과거 모습이기도 하다.

아니나 다를까? 어두운 극장에서 여성 관객의 울음소리가 간혹 들려온다. 자기만의 공간에서 이 글을 쓰면서 '2'자로 시작된 주민등록번호, 제2의 신분 '여성'으로 살아온 나 자신의 삶을 돌아보게 된다. 동시에 나 자신의 남은 인생길을 여자답지 않게 창안해 나가야 한다는 소명감이 솟구치기도 한다. 민주화 과정 속에서 여성의 사회진출이 급선무로 요구되는 지구촌 변화에도 불구하고 '남자답게, 여자답게'란 숙명론이 시대착오성 정신병으로 드러나고 있다. 그런 부조리한 현실 속에서 개인 김지영의 인생길은 힘들어도 반드시 개척해나가야 할 인생 여정이다.

10월 말 개봉한 〈우먼 인 할리우드(This Changes Everything)〉(2018)는 188편의 할리우드 영화와 미디어 산업에서 일해 온 96명의 인터뷰를 중심으로 엮어낸 다큐이다. 성차별적 고용 불평등 증언에 초점을 맞춘 이 작품은 〈델마와 루이스(Thelma & Louise)〉(1991) 이후 백마 탄 왕자 없는 독립여성 이미지 구축에 나선 지나 데이비스가 꾸린 연구소의 조사에 따른 방대한 데이터의 힘을 보여 준다. 할리우드를 비롯한 미국 제작 콘텐츠가 글로벌 미디어 80%를 지배하는 그들만의 리그에 변화가 시작된 것이다. 이를테면, 할리우드가 영화산업 초기보다 수익성이 높아지면서 더욱 남성 위주로 꾸려졌다는 사실도 통계치를 통해 입증된다. 결정권은 자본권력인 남성이 갖고 있기에 능력 있는 여성감독들의 진출과 저항은 제대로 힘을 발휘하지 못하고 있다.

"어떤 감독은 연기지도해 줄 테니 무릎에 앉아보라고 하더군요. 톰 행크스도 무릎에 앉히나요?"라는 샤론 스톤의 경험담은 악습에 불과한 업계의 진실을 실명으로 고발한 연기자들의 용기를 증명해 준다. 할리우드에서 촉발된 미투 운동이 세계 각 분야로 펴져나가는 변화하는 세상 만들기 프로젝트가 우리 현실에도 접속 중이다. (2019. 11. 12)

고정관념과 세대 차이

<레볼루셔너리 로드>

9월의 서늘한 가을바람이 반갑기만 하다. 에어컨 바람으로 폭염을 견뎌냈던 일상이 보다 트인 공간으로 변하는 시원함을 온 몸으로 느끼기 때문이다. 인류 산업발전이 몰고 온 지구 온난화에도 불구하고 계절 변화가 지속되는 것은 고마운 일이다. 그런 길목에서 최근 접한 2018년 출산율 관련 정보는 세상 변화의 세대 차이를 절감하게 해준다. "세계 유일 출산율 0명대", "아이 낳지 않는 한국인", "대한민국 출산율, 왜 떨어질까?" 등…. 이런 뉴스들을 보노라면 자연스레 인구재난사태를 상상하게 된다.

동네에서 아이들보다 반려견과 산책하는 사람들을 더 자주 마주치는 일상풍경도 이젠 새삼스럽지 않다. '저출산

고령화 사회'는 갑자기 불어 닥친 현상도 아니다. 그런데도 지난 8월 28일 발표된 통계청의 2018년 출생 관련 통계 확정 자료에 따르면, 합계출산율이 사상 최저인 0.98명, 즉 0명대로 2025년 1명대 회복 전망도 불투명하다는 예상은 그간 시행된 인구증가 정책을 돌아보게 만든다. 2007년 이후 출산 장려정책은 10여년 이상 130조 원에 달하는 예산을 투입해 적극적으로 시행되어 왔다. 그러나 현재 한국의 출산율은 경제협력개발기구(OECD) 저출산 기록을 갱신하는 모순된 결과를 보여 줄 뿐이다. 그런 모순된 상황의 저변에서 농경 시대 결혼, 가족제도를 전통으로 고수하는 고정관념과 그에 따른 세대별 인식 차이에 주목하게 된다.

걱정대로 심화되는 '저출산 노령화 사회'

그간 출산장려정책은 출산과 육아 관련 경제 부담을 덜어주는 방식으로 진행되어 왔다. 출산축하금과 양육지원금, 임산부 고용 사업장에 고용안정 및 대체인력 지원제도도 있다. 대부분 지원정책이 결혼을 전제로 한 출산장려정책으로 보인다. 비혼 선호(결혼은 필수 아닌 선택), 동거 찬성 비율 증가, 심지어 연애도 기피하는 20, 30대의 젊은 세대 인식변화가 고려되지 않은 고정관념이 드러난다. 통계청이 발표한 2018

년 사회지표조사 가운데 '결혼이 필수적인가'란 질문에 대한 반응은 현재 출산율 상황의 잠재적 원인을 보여 준다. 젊은 세대에 속하는 비혼자 중에서 남성 36%, 여성 22%만이 결혼해야 한다고 응답한 점이 바로 그런 인식 차이를 보여 준다.

결혼에 대한 성별, 세대별 인식 차이는 수많은 영화에서도 드라마 모티브로 작동되어 왔다. 한국 멜로드라마 대표작인 〈미워도 다시 한 번〉 시리즈(1968년 공전의 히트를 기록한 후 2002까지 지속되다 소멸)에서는 유부남을 사랑한 젊은 여성과 외도로 고뇌하는 중년 남성이 혼외 출산한 남자아이를 취학시키기 위한 법적 신고를 두고 갈등을 벌인다. 한국영화사 수업에서 21세기 20대 학생들과 이 영화를 다시 보노라면, 악습을 정당화하는 이상한 연애 코미디로 해석하는 반응이 압도적이다. 버림받아도 감수하며 살아가야 하는 의존적인 여성의 운명을 받아들일 수 없는 세대 차이를 보여주는 반응이다. 그들은 도시집중 인구감소와 경제성장 정책에 따라 "둘만 낳아 잘 기르자"를 실행한 586세대, 즉 돈 벌어오는 근면한 아버지, 집안 살림에 헌신하는 어머니를 보며 자라난 세대이기도 하다.

인간의 내면적 삶, 특히 연애와 결혼을 둘러싼 성별, 세대별 차이를 섬세하게 그려내는 안목에서 일가를 이룬 샘 멘데스 감독의 〈레볼루셔너리 로드(Revolutionary Road)〉

〈레볼루셔너리 로드〉 포스터

(2008)는 참조할 만한 흥미로운 텍스트이다. 에이프릴(케이트 윈슬렛)과 프랭크(레오나르도 디카프리오)는 첫눈에 반해 결혼한다. 이들은 뉴욕 맨해튼 중산층 거주지역인 '레볼루셔너리 로드'에 아름다운 집을 장만해 행복한 결혼생활을 하는 것처럼 보인다. 그러나 시간이 지나면서 회사일로 바쁜 프랭크, 두 아이 양육과 집안 살림에 묻혀 연극배우 경력을 단절당한 경단녀 에이프릴의 결혼생활은 갈등에 빠진다.

"변화가 필요해"

에이프릴은 행복한 관계를 회복하기 위한 삶의 변화, 즉 배우로서 경력을 이어가기 위해 당대 세계 예술의 도시였던 파리 이민으로 새로운 삶을 개척하려고 하지만 프랭크는 승진 권유를 받으며 이민을 포기한다. 그 와중에 벌어지는 격렬한 부부싸움 장면은 〈타이타닉〉에서 로맨스 판타지를 재현했던 두 배우가 반전하듯 갈등을 폭발시키는 열연으로 보여 준다. 정신병자지만 현자 같은 명대사를 던지는 기빙스는 "수많은 사람이 공허함 속에 살죠. 하지만 절망을 보려면 진짜 용기가 필요해요."라며 에이프릴을 자극하기도 한다.

아내로서 생존에 공허함을 느낀 에이프릴은 이렇게 절규한다. "모든 존재는 특별해. … 변화가 필요해, 이렇게 인생을 그냥 보낼 순 없어."라고. 이 영화를 보노라면, 1950년대 미국 사회를 배경으로 한 허구지만, 2019년 인구재난사태에 직면한 한국 사회 현실에 공명하는 메시지가 감지되기도 한다. 불안한 경제력에 흔들리며 성 평등 의식을 가진 젊은 세대를 포용하며 1인 가구 대세 속에서 "나 혼자 산다"라는 TV 프로그램을 즐기는 욜로(YOLO) 현상을 전통적 가족 개념으로부터 탈피하지 않고는 감당할 수 없기 때문이다. (2019. 9. 3)

권력의 민낯

<화씨 11/9>

마치 우연의 법칙이 작용하듯 '화씨'를 내건 영화 두 편을 연달아 보게 되었다. 하나는 미국의 부조리한 현실 고발에 초점을 맞춘 다큐멘터리 붐을 일으킨 마이클 무어의 〈화씨11/9: 트럼프의 시대〉(2018)이다. 다른 하나는 SF 고전영화로 꼽히는 〈화씨 451〉(프랑소와 트뤼포, 1966)을 케이블 TV 영화로 리메이크한 〈화씨 451〉(라민 바흐러니, 2018)이다. 무어 감독이 테러에 직면했던 부시 정부의 무능함을 신랄하게 고발한 〈화씨 9/11〉(2004)에서 보듯이 제목에 굳이 '화씨'를 붙인 것은 사상의 자유 통제를 고발한 트뤼포 영화와 그 원작 소설인 레이 브래드버리의 『화씨 451』에 대한 오마주이기도 하다.

날씨나 체온 등 일상적으로 섭씨를 쓰는 우리에게 화씨는 환산이 필요한 표지이다. 우리가 섭씨를 일상적으로 사용하듯이 화씨를 사용하는 미국에서 '화씨 451도'는 책이 불타는 온도로 (섭씨로 환산하면 233.77…°), 사상의 자유를 금하는 분서갱유 재난상태의 징표로 작동한다. 그런 점에서 SF 소설과 영화, 다큐멘터리 형태로 지속적으로 생성되는 '화씨 시리즈'는 정보화시대 통제 권력의 문제를 다룬 테마 장르로 보인다.

마치 재치문답처럼 〈화씨 11/9〉는 숫자 뒤집기 놀이로 열린다. 정치와 자본권력의 야합을 고발한 전작 〈화씨 9/11〉의 숫자 순서가 뒤집어지기 때문이다. 그러면 뉴욕이 충격적 테러를 당한 '9월 11일'은 2016년 '11월 9일', 즉 트럼프가 대통령으로 당선된 날로 연결된다. 무어의 재치라고만 보기에는 기묘한 우연의 일치이기도 하다.

"힐러리! 힐러리! …." 이렇게 연호하며 미국 최초의 여성 대통령이 나온 듯 열광하는 대중 집회로 영화는 시작된다. 트럼프 같은 인물은 결코 대통령이 될 수 없을 것이란 강렬한 예상이 깨져나간 후, "모든 것은 한낱 꿈이었을까?" 무어의 비탄스런 질문과 함께 정치 권력판은 이제 우리가 함

〈화씨 11/9〉 포스터

께 풀어내야 할 미스터리로 주어진다. 퍼즐 맞추기 게임처럼 펼쳐지는 미스터리, 대선을 비롯한 온갖 선거전을 둘러싸고 펼쳐지는 여론몰이와 포퓰리즘이 난무하는 시대, 어디에서나 손안에 들어오는 휴대폰이 일상의 공기 같은 정보화 시대, "과연 민주주의란 무엇이고, 어떻게 실현해 나갈 것인가?"라는 질문을 연이어 하게 만든다.

그 진행과정을 따라잡아가면서 대선을 중심으로 중앙과 주변을 오가며 펼쳐지는 무어의 카메라 탐사는 미시간 주 플린트라는 빈민지역에서부터 플로리다 주 고교 총격사건에까지 이른다. 그 와중에 트럼프가 부동산 거부로 승승장구하며 보여 준 아메리칸 드림의 이면에 존재하는 비루한

민낯의 여러 모습이 점차 드러난다. 그중 대표적인 것이 대통령 시절 오바마의 민낯을 보여 준 대목이다.

정보화시대 민주주의란? 어떻게?

납중독을 일으킨 물 오염으로 재난에 빠진 플린트 시를 방문한 오바마는 자본권력을 옹호하는 주지사와 달리 오염문제 해결사로 대대적 환영을 받는다. 대안을 발표하는 단상에 서자마자 오바마는 급히 달려온 먼 길이기에 목이 마른지 물 한 잔을 요청한다. 그러자 그를 반긴 대중은 "생수병! 생수병!"을 외친다. 오염된 수돗물이 아닌 병에 든 생수를 마시라는 배려이다. 그러나 그는 훈훈한 미소를 지으며 "아니오, 저는 그냥 (수돗)물을 마실 겁니다."라며 고통을 나누는 겸손한 태도를 취한다. 심지어 가난했던 어린 시절 페인트가 묻은 작은 나무 조각을 먹고도 건강하게 자라난 자전적 에피소드까지 들려준다.

그런데 충격적인 대목은 깊이 들어간 카메라가 잡아낸 그의 민낯이다. 그는 유리컵을 들고 물을 마시는 것처럼 보여 주려고 입술만 댄 것뿐이란 점이 들통 났기 때문이다. "방문하기 전 그는 나의 대통령이었지만 방문 이후 더 이상 나의 대통령이 아니다."라는 한 시민의 인터뷰도 곁들여진다. 그와 시민의 만남을 환영하는 커다란 거리의 벽화도 이 사건 이후 그의 머리 부분이 훼손된 이미지로 변화한다.

다큐 미디어를 통해 알게 될수록 아픈 권력의 민낯에도 불구하고, 다른 한편엔 희망의 불씨도 보인다. 학교 총격사태로 충격 받은 십대들이 불시에 SNS로 조직한 역사적인 대집회가 그렇다. 이 집회는 총기협회 후원으로부터 탈주하는 정치세력화의 현장이기도 하다. 그것은 총기 위협 없이 평화롭게 살고픈 기본적 인권을 누리기 위한 피선거인의 권리 실천이다. 자신의 권리를 스스로 되찾는 운동을 벌이는 용감한 십대를 키운 윗세대를 자랑스럽게 여기려는 무어에게 한 십대 학생은 전복적인 답을 보여 준다. "우리를 이렇게 키워 준 건 SNS랍니다!" 이런 상황은 민주주의를 내건 윗세대보다 SNS 능력이 뛰어난 십대와 공존하면서 변화해 가는 우리 사회의 민주화 풍경도 성찰하게 해준다. (2018. 12. 4)

시니어 버킷리스트

〈나의 마지막 수트〉

온 가족이 떠나는 휴가여행에 개구쟁이 소년이 홀로 집에 남겨져 소동을 벌인다. 이렇게 핵심 드라마를 설정한 〈나 홀로 집에〉 시리즈는 20세기 말 대표적인 가족 코미디 오락 영화였다. 그러나 이제 '나 홀로 집에'는 현실 속 '1인 가구' 형태로 21세기 지구촌의 대세가 되었다. 포스터에 등장하는 두 눈을 동그랗게 뜬 채 비명을 지르는 소년 얼굴의 클로즈업 이미지는 현재 일상의 다양한 얼굴들로 대체된 셈이다.

90세를 맞이하는 아브라함의 여행길

2018년 4월 초 발표된 '통계로 보는 사회보장 2017'에 따르

〈나의 마지막 수트〉 포스터

면, 한국의 1인 가구는 540만으로 가장 보편적인 가구 형태로 드러났다. 20·30세대 독신가구 증가와 더불어 고령화로 인한 노인 1인 가구도 꾸준히 증가할 것이라는 전망은 세계적 현상이기도 하다. 2010년대 이후 부부와 미혼 자녀로 구성된 핵가족 패러다임이 깨지면서 미국과 영국에서는 30%에 가까운 1인 가구가 대표적인 주거방식이며, 일본과 프랑스는 이미 1인 가구가 30%대를 넘는 다양한 지표들로 지구촌 삶의 방식은 변하는 중이다. 그 파장을 타고 '혼밥', '혼영', '혼행'(혼자 여행) 등 혼족 생활문화산업이 블루오션으로 떠오르고 있다.

지구촌을 돌며 선선한 가을바람을 타고 날아온 〈나의 마지막 수트(The Last Suit)〉(파블로 솔라즈, 2017)도 고령화 현실에 접속하는 시니어 로드무비이다. 불편한 오른쪽 다리를 '오랜 친구 추레스'라 부르며 곧 90세를 맞이하는 아브라함의 여행길이 드라마의 핵심으로, 그가 기차를 타고 홀로코스트 기억에 직면하는 과정이 절묘하게 풀려나간다.

바이올린과 아코디언 연주에 맞춰 여럿이 어깨동무하며 춤추고 환호하는 흥겨운 이미지로 열린 영화는 아브라함을 위한 가족사진 촬영으로 이어진다. 내일이면 요양원에 들어가야 하는 그는 온 가족의 존경과 사랑을 받은 기념으로 증손들을 거느린 사진을 찍고 싶어 한다. 그런데 증손녀 미카엘라가 보이지 않는다. 단체 사진을 꺼리는 고집불통 미카엘라를 빼놓고 사진을 찍자고 해도, 그 또한 고집불통이기에 반항적인 아이를 설득하는 작업에 들어간다. 딸들에겐 냉정해도 유독 미카엘라를 애지중지하는 그는 아이가 요청한 지문확인 가능한 아이폰6를 구입할 돈(800달러)을 주기로 합의해 드디어 6인의 증손들이 모두 함께하는 가족사진을 찍는다.

폴란드에서 아르헨티나로 탈출해 온 그는 재단사로 일하며 딸들을 키웠다. 그러나 세월이 흘러 딸들은 출가했고, 이제 그는 집을 처분한 유산을 딸들에게 나눠주고 짐을 정리하는 중이다. 나이 들어갈수록 자신의 나이 자체를 받아들이지 못하는 인간이 대다수지만, 그 자신은 남은 인생을 기쁘게 살겠다고 작정한 독립적인 존재인 척한다. 그러나 장애 다리를 잘라내라는 권유나 요양원에서의 삶이 달갑지 않기에 그는 겉으로는 당당해도 속으로는 지쳐 있다. 그런 와중에 그가 남성용 정장 수트 한 벌을 발견하는 순간, 그의 남은 인생 여정은 로드무비로 급진전된다. 그 수트는 오래 전, 그러니까 70년 전 홀로코스트 재앙으로부터 자신의 생명을 구해 준 친구에게 주겠다고 약속했던 물증이기 때문이다. 이제 그는 모험적인 혼행을 결단한다. 너무 아프기에 지워버려 없어진 것 같던 망각도 언젠가 출몰하는 또 다른 형태의 기억이다. 새로운 인생 이모작을 결단하면서 강렬하게 떠오른 70년 전 약속은 유일한 버킷 리스트 항목이 되어 그의 온 마음을 사로잡는다.

혼행길이 시니어 로드무비로 퍼져나갈 조짐

가족에게 알리지 않고 비밀리에 가출한 그는 한밤중에 친구의 손녀를 찾아간다. 연극 연습을 하던 그녀는 할아버지와의 오랜 우정을 담보로 내건 그의 강렬한 부탁에 못 이겨 마드리드 행 비행기표를 예약해 준다. 그러나 그 여정은 만만치 않다. 그는 마드리드 호텔방 창문을 잠그지 않은 탓에 여행비용으로 가져온 전 재산을 도둑맞는다. 이제 그는 여행비 조달을 위해 오래전 유산문제로 가족을 떠난 후 마드리드에 사는 딸에게 찾아가 도움을 청한다. 그는 딸에게 사과한 대가로 재정지원을 받게 되면서 부녀지간 화해도 이루어진다.

그런데 더 큰 문제가 발생한다. 그는 입국심사나 기차역에서 나치 치하에서 금지어였던 '폴란드'란 말을 하지 않은 채 쪽지에 써서 소통하는데, '독일을 발로 밟지 않는다'라는 요구조건이 필수항목이다. 사라진 과거여도 그의 마음속에는 여전히 트라우마로 작동하기 때문이다. 이런 고통스러운 길에서 선대의 잘못을 인정하고 그를 이해하려 애쓰며 돕는 이를 만나게 된다. 그녀는 독일의 인류학자 잉그리드인데, 그녀와의 만남은 그를 조금씩 변화시키는 촉매제로 작용한다.

그 밖에도 혼행길에서 만난 다른 이들과의 관계는 그가 유연하게 변화하는 과정으로 풀어가는 로드무비의 매혹을 선사해 준다. 이를테면, 비행기 옆자리에서 만난 빈털터리 청년, 딸과 화해를 통해 도움받으라고 조언하며 격려해 준 호텔 주인, 그리고 고통스런 홀로코스트의 기억으로 기차에서 졸도한 후 폴란드 병원에서 만나 게토였던 로츠까지 안내해 준 간호사와의 일시적 동행 등… 혼행길이기에 이루어진 이런 우연한 만남들은 그를 운 좋은 시니어로 변모시킨다. 그런 맥락에서, 이 영화는 1인 가구 대세가 된 이 시대, 버킷 리스트로 작동하는 혼행길이 시니어 로드무비로 펴져 나갈 조짐을 보여 주는 반가운 나침반처럼 보이기도 한다.
(2018. 9. 4)

여성 독립 존재

<밀양>, <소공녀>

계절 변화는 놀라운 자연의 축복이다. 무거운 코트를 벗고 봄바람 스치는 가벼운 차림으로 거리에 나서면 하루하루 새로움을 느끼게 된다. 봄바람과 함께 부는 미투 운동 바람은 오랫동안 침묵의 카르텔로 봉인해 왔던 곪아 터진 권력의 민낯을 보여 준다.

한때 대중음악에선 "남자는 배, 여자는 항구"라고 애달프게 이별 노래를 불렀지만, 이젠 여자도 배가 되어 자신의 인생 여정 항해를 해야 하는 21세기 세상의 변화에 적응해야 한다. "여자 팔자는 뒤웅박"이라는 옛말도 미풍양속이 아니라 여성 인권이 부재했던 시대의 의존적 여성관을 보여 줄 뿐이다. 자신의 인생을 구해 줄 남자를 기다리기보다 스스로 자기 인생길을 가는 밀레니엄 세대 여성은 지구촌 어느 곳으로건 자유롭게 날아가는 메시지를 쏠 수 있는 스마트폰을 다루는 단독 주체로 살아가니 말이다.

봉건적 구태의 얼룩이 아직도

그런 미투 바람 속에 등장한 한 정치인의 어법은 조선 왕정 시대, 수많은 궁녀를 거느리고 통치했던 군주의 페르소나를 쓴 인물의 대사처럼 들린다. "네 의견을 달지 말라", "(너는) 날 비추는 거울이다", "그림자처럼 살아라". 하여 (내가 무슨 말을 하건) "괘념치 말아라."

이런 지시에 따르려면 군신일체의 화신으로 그를 우러러보며 모셔야 하지 않겠는가. 자신의 얼굴 자체를 볼 수 없는 인간에게 거울은 자신을 타자화해서 들여다볼 수 있는 유일한 자기 성찰의 도구이기도 하다. 자기 자신의 물리적 존재 증명인 그림자는, 융의 심리학적 맥락에서 보면, 본인도 모르는 자아의 또 다른 어두운 분신이다. 그런 의미에서, 그 누군가에게 자신의 거울과 그림자가 되라고 명하는 것은 자아 콤플렉스의 어두운 측면을 부지불식간에 인정한 것이기도 하다. 마치 역사극에서 고뇌에 찬 왕이 읊조리듯이 뱉어내는 "괘념치 말아라"의 '하게체'는 콤플렉스를 보상받으려는 무의식적 코스프레처럼 보이기도 한다.

이런 현상은 압축 발전을 이룬 한국의 근대화 과정 속에 공존하는 봉건적 구태의 얼룩을 확대경으로 보여 주는 것만 같다. 이런 비동시성의 동시성은 남성에게 기대 자신의 인생을 풀어가려는 멜로드라마 여성 캐릭터의 트라우마로 재현되기도 한다. 한국적 가부장제가 욕망하는 현모양처 상을 반영해 온 멜로드라마는 〈미몽〉(양주남, 1936)과 〈자유부인〉(한형모, 1969)에서 바람난 유부녀의 현모양처 콤플렉스를 비장하게 다루고 파국적 결말로 나아간다. 급변하는 세상 속 삶의 조건에도 불구하고 '마지막 식민지는 여성'이라는 문구처럼, 헌신적 여성상을 미풍양속으로 미화하는 허구적 전통을 수행해 온 셈이다. 그 전통은 밀레니엄시대 영화에서도 깨져나가기 시작한다.

이청준의 단편소설 「벌레 이야기」를 각색한 〈밀양〉(이창동, 2007)은 주인공 신애 캐릭터를 자기기만적 현모양처 판타지로 풀어내 보인다. 신애는 남편이 사망하자 수절하며 남편 고향인 밀양으로 내려가 피아노 학원을 운영해 아들 잘 기르며 살아가겠다고 각오한다. 신애는 자신의 경제적 능력으로 살아가는 현대 여성인데도 조선시대 열녀정신을 이어가는 전통적 여성상을 구현하려는 이중적 태도를 보여 준다. 그러나 드라마가 전개되면서 남편의 불륜을 의도

〈밀양〉 포스터

적으로 망각한 척하는 내면의 진한 그림자가 드러나면서 이런 이중성이 깨져나간다. 그녀가 부자 코스프레를 하다가 그 여파로 유괴범에게 납치당한 아들의 죽음을 맞는 참사가 벌어졌기 때문이다.

남에게 인정받기 위해 전통적 구태와 현대적 능력을 과시하는 신애의 이중성은 유괴범의 또 다른 이중성에 심한 충격을 받는다. 자기 거짓에 치여 아들의 죽음까지 당한 신애는 신앙생활로 다시 삶의 활력을 얻어 유괴살인범을 용서하러 교도소에 면회를 간다. 그러나 자신은 이미 하나님으로부터 용서받았기에 신애의 용서가 필요 없다는 고백에 충격을 받은 신애는 졸도하고 만다. 이 영화를 봤던 것일까, 미

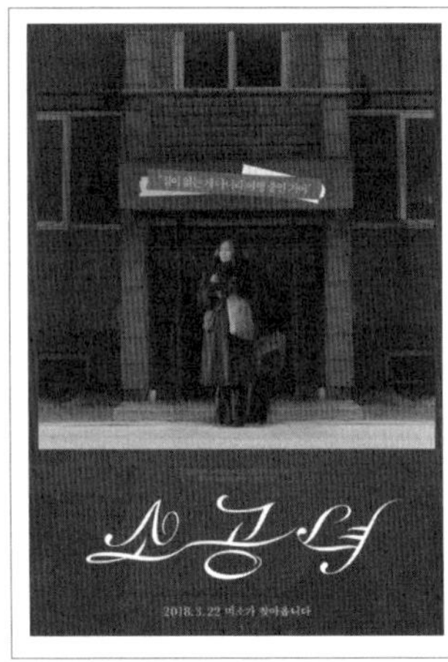

〈소공녀〉 포스터

투 파장의 물꼬를 튼 서지현 검사의 가해자인 전 국장의 신앙 간증은 놀랍도록 이 상황과 같은 패턴을 반복한다.

"소유냐, 존재냐"의 갈림길에서

밀레니엄 세대 한국 독립영화에도 오랜만에 당당한 독립여성이 탄생했다. 〈소공녀〉(전고운, 2017)는 세계 최저 출산율과 최고 자살률을 동시에 지속적으로 기록하는 N포 세대의 일상적 풍경화를 절묘하게 그려낸다.

주인공 미소는 이름처럼 타인에게 소소한 일상의 미소를 짓게 하는 독립적 존재이다. 학비가 없어 대학을 중퇴하고 가사도우미로 살아가는 미소는 소유보다 존재를 택하며 자유로운 노마디즘 인생여정을 실천한다. 남들은 집을 지켜야 한다고 하지만 미소는 소득 대비 오르는 집세와 물가에 못 이겨 가장 큰 지출 항목인 월세방을 뺀다. “집이 없는 게 아니라 여행 중인 거야.”라는 포스터 헤드 카피처럼 ‘인생은 나그넷길’ 자체를 실천한다. 그 여행길에서 미소는 스카치 위스키 한 잔과 담배, 그리고 남친과 가난한 데이트를 즐기려 헌혈 알바를 하기도 한다.

한때 음악밴드를 같이 했던 멤버들의 집에 계란 한 판을 들고 찾아가 동가식서가숙(東家食西家宿)하며 그가 목격하는 친구들의 일상은 에리히 프롬의 “소유냐, 존재냐”의 갈림길을 떠오르게 해준다. 바로 그 길에서 21세기 여성 미소가 그들만의 세상에서 눈치 보는 뒤웅박 노릇으로부터 해방되어 당당하게 자기 트렁크를 끌고 인생여정에 들어선 모습은 시대와 세대의 변화 바람을 실감하게 해준다. (2018. 3. 20)

흔들리는 완장

〈장마〉, 〈라콤 루시앙〉, 〈엑스페리먼트〉

이제 무거운 코트를 벗고 걸어가는 출근길은 봄구경 산책이기도 하다. 큰 가지에서 벗어나 기지개 켜는 목련 봉오리를 지나니 노란 꽃 잔치가 벌어진다. 도처에 늘어진 개나리 무리, 돌 틈새로 피어오르는 민들레도 눈길을 사로잡는다. 이런 다양한 꽃들을 보라고 권하는 '봄'을 절감한다. 유독 노란빛이 이 봄엔 강한 파장을 불러일으킨다. 천일 넘게 잠겨 있던 세월호가 서서히 올라와 진도에서 목포로 가는 여정이 내겐 노란빛으로 전해지기 때문이리라. 아파도 절망에서 희망으로 항해하는 노란빛의 변화를 매일 목격하는 새로운 봄이다.

이런 노란 물결 저편에 태극기 완장도 보인다. 연쇄반응일까? 완장 기호가 나부끼는 영화들이 연이어 기억 세포를 자극한다. 문득 윤흥길의 소설을 각색한 〈장마〉(유현목, 1979)가 떠올라 다시 보았다. 한국전쟁을 배경으로 소년 동만의 시점을 따라가는 이 작품에선, 동만의 서울 외갓집이 시골 친가로 피난 내려가 같이 지내는 장마철 일상이 펼쳐진다.

'우르릉~ 쾅쾅~' 하며 퍼붓는 장맛비 속에서 외할머니는 이가 빠지는 악몽을 꾼다. 이어 대나무 숲에서 숨어 지내다 국군으로 전쟁터에 나간 외아들의 전사통보가 전해진다. 이 사건 후, "빨갱이는 다 죽으라"는 외할머니의 탄식을 접하며 피난처로 사랑채를 내준 친할머니는 마음이 불편하다. 마을에서 완장 차고 의기양양해 하다가 빨치산으로 떠난 둘째아들에게 이 저주가 갈까, 걱정되기 때문이다. 피난처를 내주며 노친네끼리 서로 보듬고 잘 지내자던 호의는 돌변한다. 한쪽은 국군 아들, 다른 한쪽은 빨치산 아들을 둔 사돈지간인 두 할머니는 서로 챙겨 주다가 원망하게 되면서 종교적 주술에 의존한다.

빨치산 아들이 돌아온다는 점쟁이의 예언을 (그 어머니인) 친할머니만 믿는다. 아니나 다를까? 예언의 그 날, 커다란 구렁이가 집안에 들어온다. 구렁이를 아들의 혼령으로 여긴 친할머니는 실신해 버린다. 빨갱이를 저주했던 외할머니는 구렁이를 사돈의 아들로 대접하며, 머나먼 저승길 잘 가시라는 제의를 정성껏 수행한다. 두 손 모아 비는 외할머니의 소리를 멀리서 들은 친할머니는 그간 내뿜던 증오감을 후회하며 용서를 청한다. 전쟁의 광기가 만들어낸 벽을 허무는 진정한 사과의 효력이 발휘되는 순간이다. 유신 말기 제작된 영화이기에, '반공영화' 체취가 풍기지만, 이런 결말은 현재진행형 역사쓰기의 반복처럼 보인다.

완장 권력에 주눅 들지 않는 저항의 힘이 있기에

〈라콤 루시앙(Lacombe Lucien)〉(루이 말, 1974)도 나치 치하를 배경으로 완장 심리를 해부해낸다. 1944년 프랑스 남부 작은 마을. 라콤은 부모 없이 할머니와 외롭게 살며 레지스탕스가 되려는 욕망을 갖는다. 그러나 레지스탕스는 어리다는 이유로 그를 받아 주지 않는다. 그러자 그는 곧 독일경찰 끄나풀이 되어 완장을 두른다. 권력자 무리에 들어선 그는 멋진 양복도 지어 입으려고 재단사 집에 갔다가 재단사의 딸 프랑스를 보고 한눈에 반한다. 그러나 재단사와 그 딸은 유대인이기에 게토로 가는 기차에 타야만 한다. 패망 직전 나치의 절대권력은 광기를 내뿜는다. 그 와중에 사랑을 위해 완장심리로부터 탈주해야 하는 라콤의 갈등은 긴장감 넘치는 내면심리 변화로 펼쳐진다.

심리실험극인 〈엑스페리먼트(The Experiment)〉(올리버 히르비겔, 2001)도 인간과 권력의 함수관계를 완장 코드로 펼쳐 보인다. 인간의 본성을 연구하는 실험으로 톤 박사의 특별한 프로젝트가 기획된다. 이름 대신 번호표를 단 죄수 12인과 그들을 관리하는 간수 8인을 알바로 모집해 14일간 역할 수행 심리 구조를 CCTV로 관찰하는 것이다.

처음엔 시간대비 큰돈을 버는 임시직이니 게임처럼 즐기자던 참여자들은 자신의 복장에 따른 권력에 물들어간다. 실험 2일, 3일…에 접어들면서 이들은 연구자 통제를 벗어나 버리는 위험한 권력중독증을 보여 준다. 주어진 환경에 적응하며 이기적 욕망에 따라 순응해 버리는 것이 모든 인간의 본성일까? 물론 여기에도 예외는 있다. 77번은 환경에 순응하기보다 저항하는 태도로 자유로운 분위기를 어떻게 해서든 유지하려고 분투한다. 완장 권력에 주눅 들지 않는 그런 저항의 힘은 미약하게 시작된 노란 물결의 희망에 공명해 준다. '홀로코스트' 영화가 주제적 장르로 끊임없이 만들어지듯이, 절대권력 욕망이 낳은 아픈 이야기는 이렇게 탐구 거리로 돌아와 새로운 봄을 다시 만나보게 해준다. (2017. 4. 4)

아픔을 먹고 사는 예술

<트럼보>, <굿나잇 앤 굿럭>

"예술가를 조심하라. 사회 모든 계급을 뒤섞으니 가장 위험하다."

위 문장은 1940, 50년대 205명 블랙리스트를 휘두르며 '할리우드 10인'을 감옥에 보낸 매카시즘 선전 포스터의 문구이다. 그런데 제왕적 권력, 호위무사 등등… 마치 사극 드라마 같은 용어가 난무하는 현재 이곳에도 그 파장이 느껴진다. 바로 그 매카시즘은 이제 '트럼피즘'과 짝패가 되어 등장하기도 한다. "조지프 매카시는 거짓말쟁이, 선동가, 날조꾼"으로, "트럼프는 과장이나 자아도취 같은 매카시 자질을 가졌다"라는 시사 칼럼니스트 리처드 코언의 진단처럼.

〈트럼보〉 포스터

메릴 스트립이 골든 글로브 수상식에서 트럼프 이민정책을 신랄하게 비판한 데 이어, 할리우드 영화인들의 트럼피즘 비판과 풍자가 연일 해외토픽 뉴스로 등장하는 것은 과거 이들이 겪은 블랙리스트 트라우마를 연상시킨다.

거꾸로 가는 세상사, 작가에게 글쓰기 영감을

마침 지난해 개봉한 〈트럼보〉(제이 로치, 2015)를 이참에 다시 보았다. 블랙리스트 난리통을 겪으며 다시 보니, 할리우드 영화사의 그림자가 더욱 강력하게 가슴에 와 닿는다. 트럼보가 〈공주와 평민〉이란 제목으로 쓴 초고가 대명작가의 아이디어에 따라 〈로마의 휴일〉이란 근사한 제목으로 바뀌었고, 불굴의 의지로 자유를 찾아 탈주하는 인물을 그려낸 〈빠삐용〉과 〈스파르타쿠스〉 속에서는 검열 사회를 살아낸 작가의 아픔이 새삼 느껴졌기 때문이다.

이 작품은 블랙리스트 핵심 인사로 고난을 겪은 시나리오 작가 달톤 트럼보(Dalton Trumbo, 1905~76)의 삶을 그려내고 있다. 1947년, 비미활동조사위원회(非美活動調査委員會, HUAC)에 불려나간 그는 대법원에는 진보적 판사가 있기에, 소송비용은 들어도 괜찮을 것이라고 낙관한다. 그러나 진보적 판사의 사망으로 상황이 꼬인다. 애국과 안보 심지어 자유까지 내건 매카시즘 광기는 갈수록 사상 검열에 초점을 맞춘다. 결국 1년여 감옥생활을 겪어 내고 출소한 그는 10개도 넘는 가명으로 시나리오를 쓰며 생계를 꾸려나간다. 다른 작가 이름으로도 아카데미 각본상을 두 번이나 수상하는 아픈 쾌거를 올리기도 한다. 그의 말대로, 글쓰기란 생각과 삶의 흔적이기에, 출세욕에 불타 권력에 아부하는 동료들의 모습, 거꾸로 가는 세상사는 오히려 그에게 글쓰기 영감을 가득 안겨준 셈이다.

최고의 고료를 받던 작가는 싸디싼 원고료를 받는 가명 작가가 되어 하루 18시간씩 타자기를 두드린다. "탁탁~ 타타탁~" 화면을 울리는 이 소리는 그가 두 손가락으로 자판을 정신없이 두들겨대는 소리이다. 심지어 그는 홀로 작업하

〈굿나잇 앤 굿럭〉 포스터

기 위해 욕조에 반신욕 자세로 기대 작업대 위에 타자기를 놓고 두들겨댄다. 한 부분을 오려내 다른 데 붙여 넣으며 컴퓨터 식 편집기능을 아날로그 식으로 한다. 허구세상 만들기에 몰입하는 이런 장면들은 아픔을 먹고 사는 예술 생성의 현장이다. 고통스런 상황인데도 웃음 짓게 하는 장면들이 곳곳에 포진해 있다. 〈오스틴 파워〉 등의 코미디를 만든 제이 로치 감독의 유머 재능이 정치적 결로 드러난 셈이다.

"또 다른 봄이 올 거예요."

〈굿나잇 앤 굿럭〉(조지 클루니, 2005)도 역사적 회고담의 격려를 보내 준다. 1950년대 초, CBS 뉴스 다큐멘터리 '지금 그것을 보라(SEE IT NOW)'를 진행했던 에드워드 R. 머로와 제작팀은 매카시즘에 정면대결을 선언한다. 당시 냉전시기답게 정권은 안보 위협을 내걸고 사상통제에 매진한다. 그 광풍에 언론조차 겁먹은 상황에서, 진실을 말하는 이 프로그램은 독보적인 존재였다.

흑백 TV 시절 현실감을 살려낸 흑백화면은 방송국 속사정을 생생하게 전해 준다. 블랙리스트의 뿌리인 매카시가 클로즈업 이미지로 수차례 등장하기도 한다. "그들이 옳다면 TV는 바보상자가 되어 세상과 격리시키는 도구로 전락하겠죠. TV는 지식을 전합니다. 깨달음도, 영감도 선사합니다. … 그렇지 않으면 TV는 번쩍이는 바보상자에 불과합니다. 좋은 밤, 행운을 보냅니다(Good night, and Good luck)." 머로의 의미심장한 밤 인사가 영화 제목이 되었다. 화면을 감싸며 당대 분위기를 전하는 재즈도 영화를 받쳐 준다. "울지 마요. 또 다른 봄이 오니까 … 오, 슬퍼하지 말아요. 우린 반드시 함께할 거예요." 다이안 리브스의 "또 다른 봄이 올 거예요(There will be another spring)", 이 선율을 음미하며 블랙리스트 청산에 들어간 이곳에서 입춘대길 봄바람을 기원해 본다. (2017. 2. 7)

광장예술의 희망

<내부자들>

"어쩌면 좋아요, 현실이 영화보다 더 재미있으니…." 요즘 내가 자주 듣는 안부인사 중 반복되는 후렴구이다. 뉴스에도 영화와 현실을 비교하는 문구가 단골로 등장한다. 국정농단 사태를 다루는 기사에 '영화를 초월한 현실', '영화보다 더한 막장' 같은 표현이 난무한다. 영화적 상상력 이상으로 펼쳐지는 충격적 현실에 '막장 드라마' 꼬리표를 붙인 셈이다. '막장'은 탄광의 갱도 끝 작업장이라는데, 말은 같아도 '막장 드라마'란 상식 이상 요소들을 '막' 산포하는 억지스러운 드라마를 칭하는 표현처럼 보인다.

극장 영화 대신 뉴스와 광장에

뉴스와 아날로그 광장을 오가며 펼쳐지는 일상과 역사의 만남은 문화예술과 그 통로인 미디어 업계 풍경을 바꿔 놓았다. 2016년 말, 영화 관객 수가 급감하는 가운데 열린 영화포럼에서 "영화보다 뉴스, 극장보다 광장 가니 (극장 매출) 성적이 안 좋다"라는 영화업 종사자의 진단도 놀라운 일이 아니다. 후기 정보사회 뉴미디어로 지속적 성장을 해왔던 IP-TV의 주문형비디오(VOD) 매출도 지난 2~3개월 사이 감소했다. 시청자들이 영화보다 뉴스 보기를 선호하기 때문이다. 하루에도 수차례 속보가 터져 나오는 충격적이고 아픈 현실 에너지가 주말 광장예술로 만발하고 있다.

2015년 말 〈내부자들〉은 영화 세상과 현실 세상의 교집합을 보여 줘 커다란 흥행 성적을 거두었다. 그런데 〈내부자들〉은 오히려 (부패한) '현실 미화' 영화라는 네티즌들의 재평가도 퍼져나가고 있다. 이 영화의 명대사로 꼽히는 언론사 주필의 "민중은 개·돼지입니다"란 말이 현실 세상에서 교육부 관료의 입에서 터져 나오는 사건도 발생했다. 영화와 현실이 뫼비우스 띠처럼 하나로 연결되어 돌아가는 현실 영화판이다.

하여 그 후속작을 구상했던 우민호 감독은 그 기회를 접었다. "이번 사태 전까지 같은 배우들을 데리고 〈내부자들 2〉를 다시 한 번 할까 했는데, 못 만들 것 같다. 이것보다 어떻게 더 잘 만들 수 있겠나. 만들 수 있는 감독이 없을 것"이라고 하면서. 까도까도 나오는 갈등 요소들을 전략적으로 잘 배치하고, 캐릭터도 더 매력적으로 손본다면 굳이 〈내부자들〉 시리즈가 아니더라도, 한국 영화는 풍부한 정치스릴러 소재들을 선물로 받은 셈이다.

원전발전소 재난을 다룬 최근 개봉작 〈판도라〉에 출연한 정진영은 영화와 현실을 비교하며 "흥행에서 조금 손해 보더라도 이번 기회에 나라가 제대로 서는 그런 시기가 됐으면 좋겠다."는 희망을 피력하기도 한다. 상자가 열려 온갖 불행이 쏟아져 나오지만 거기에 담겨 있던 행운도 나오는 것이 바로 판도라 상자의 힘이니까.

온갖 불행 쏟아져도 희망 있기에

현실과 영화의 역동적 관계는 역사와 영화사에서도 잘 드러난다. 히틀러의 강력한 영화정치공세에 밀리지 않기 위해 무솔리니는 이탈리아 영화연합을 결성하고, 1932년에 세계 최초 국제영화제로 베니스영화제를 창설했다. 이어 1937년, '영화도시'를 뜻하는 거대한 종합촬영장 '치네치타

(Cinecittà)'가 건설됐다. 로맨스 판타지로 대중을 홀린 멜로드라마 '백색전화 영화'가 그 결과물이었다.

그러나 전쟁으로 치네치타도 난국에 처하자 영화 청년들은 쓰다 버린 필름과 카메라를 들고 거리로 나간다. 현실과 영화가 함께 돌아가는 새로운 사실주의 영화, '네오리얼리즘'이 이렇게 탄생한 것이다. 그 선구작으로 꼽히는 〈강박관념〉(루키노 비스콘티, 1943)은 상투적 로맨스 판타지를 전복시키며, 부익부 빈익빈 현실의 부조리를 폭로해낸다.

영화 세상을 통해 아픈 현실을 살아낼 예술의 힘을 보여주는 이런 정신은 켄 로치의 칸영화제 대상 수상작 〈나, 다니엘 블레이크〉(켄 로치, 2016)로 이어진다. "국가란 무엇인가?"란 질문을 던지는 이 작품은 SNS 시대답게 지구촌에 공명의 파장을 불러일으키며 한국 극장으로도 날아온다. 목수로 살아온 중년의 다니엘이 지병으로 일을 못 하게 되자, 실직수당을 받으려 고군분투하며 체험하는 관료제도의 반인간적 얼굴은 한국 광장에서도 제보된다. 퍼즐과 같은 국가에 살며, "국가의 주인은 국민이기에, 국민들 의견에 귀 기울여주는 정치인이 바른 자리에 위치해야 국가가 완성된다."는 한 청소년의 외침은 영국의 목수와 공명하는 이곳에서 열린 판도라 상자의 징표처럼 보인다. (2016. 12. 20)

절망에서 희망으로

〈업사이드 다운〉

봄이 오니 사방이 꽃 잔치다. 지인들이 보내 주는 만발한 꽃 이미지들도 4월 아침을 화사하게 열어 주는 원동력이다. 나날이 다르게 더욱 노랗게 우거지는 개나리꽃을 창문 너머 내려다보며 하루를 시작한 어느 날, 친구가 보내 준 인디밴드 '10cm'의 뮤직 비디오 〈봄이 좋냐?〉를 열어보고 깜짝 놀랐다. 분홍빛으로 패러디한 안경 낀 어린 왕자가 융단 같은 꽃잎더미에 추락하는 장면에서 시작되는 노래는 웃음이 터져 나오게 한다. 경쾌한 기타 반주에 맞춰 이렇게 노래한다.

"꽃이 언제 피는지 그딴 게 뭐가 중요한데/ 날씨가 언제 풀리는지 그딴 거 알면 뭐 할 건데… 봄이 그렇게도 좋냐 멍청

이들아/ 벚꽃이 그렇게도 예쁘디 바보들아/ 결국 꽃잎은 떨어지지 니네도 떨어져라/ 몽땅 망해라."

와! 이 노래를 들으며 이미지를 보노라니 예전엔 지금처럼 자연의 아름다움을 느끼지 못했다는 자기 반성적 느낌이 번뜩 전해 온다. 그와 동시에 청년실업 국가에서 N포 세대의 자조적 유머 코드가 저릿하게 감각적으로 다가온다.

"결국 꽃잎은 떨어지지만…"

연애, 결혼, 출산 세 가지를 포기했다고 붙여진 3포 세대가 5포 세대를 거쳐 이젠 더 많은 것을 포기한다고 붙여진 N포 세대, 그들이 기성세대에게 혹은 연애하는 이들에게 "봄이 좋냐"고 물으면서 자조적 즐거움을 노래한다. 그런데 걸리는 것은 "몽땅 망해라"라는 후렴구 결말이다. 공존의 삶보다 남에게 저주를 퍼붓는 말조차 유머가 되는 동시대의 아픔은 세대 차이와 더불어 수저론 계급 차이의 상처를 드러내 준다.

아픈 청년 세대론은 한국만의 현상은 아니다. 유럽에서는 '1,000유로 세대'로, 경제난을 겪은 그리스에서는 이보다 300이 깎인 '700유로 세대'라는 유행어가 떠돌고 있다. 일본의 '사토리 세대'도 유사한 현상으로 보인다. 알파고가 인간과 바둑을 두며 인공지능의 기능성과 효율성을 증명하는 4차 산업혁명시대, 청년실업은 사회노동력 구조와 자본 재분배 혁신이 절체절명의 과제임을 깨우쳐준다.

특히 피터슨국제경제연구소(PIIE)가 지난 20년간(1996~2015) 발표한 보고서가 보여 주는 주요 국가 재산 축적과정은 한국의 병적인 수저론 신화의 근거를 드러내 준다. 세계 최고 부자들 중에 한국은 상속 부자 비율 74.1%(2014년 기준)로 단연코 세계 1위를 차지하고 있다. 그런 지표는 사회공동체로 공존의 인식조차 실종된 재산축적 과정의 민낯을 보여 준 셈이다.

그런데 세제 개혁을 비롯한 제도 개선의 여지는 안 보이고, 기성세대는 청년들에게 "아프니까 청춘이고, 나도 젊어서 해봤는데…"라며 "기회를 잡아라." "새로운 직업을 창업해라." 등등 격려 같기도 하면서 꼰대풍 잔소리 같기도 한 조언으로 청년세대를 독려한다. 그러 와중에 융단같이 깔린 분홍 꽃잎 위에 떨어진 어린 왕자는 (이런 상태로 간다면) "몽땅 망해라!"라고, 찬란한 꽃 잔치 봄에 그렇게 내지르는 것이라는 생각이 번뜩 든다.

〈업사이드 다운〉 포스터

"그래요 난 꿈이 있어요… 웃을 그날을 함께해요"

그 여파인지 화사하게 만발한 벚꽃을 올려다보며 아프다는 느낌이 온다. 그래서 시선을 돌리다가 남산 기슭에 어우러진 진달래 무리를 불현듯 만나게 되었다. 하루살이 인생 산책을 보여 주신 김흥호 선생님(1919~2012)께서 4월이면 들려주시던 유영모 선생님(1890~1981)의 〈진달내야〉란 시의 한 구절이 환청처럼 귓가에 맴돈다. "진달내야 진달내야 어느 꽃이 진달내지/ 내 사랑의 진달내게 너만 홀로 진달내랴/ 진달내 나는 진달내 임의 짐은 내 질래." 진달래란 발음을 '짐을 받아 지는'라는 뜻의 말놀이로 풀어가는 대목이 이런 날이면 더욱 생생하게 다가온다.

특히 4·19에 앞서 강렬하게 다가오는 4·16 세월호 잔영과 더불어 절망 속에서 희망을 피워내는 다큐멘터리 독립영화들이 피어나고 있다. 아이들을 잃은 아버지 4인의 기록을 담아낸 〈업사이드 다운〉(김동빈, 2015)은 4월 중순 국내 개봉을 준비중이다. 이 작품은 보스턴국제영화제 인디스펙 다큐멘터리 부문에 초청되기도 했다.

유튜브에서 만난 단편 영상물 〈살아도 죽어 있는 사람들의 날(Day of the living Dead)〉도 아픈 꽃잔치를 목격하게 해준다. 〈거위의 꿈〉 노래가 깔리며 아이들 얼굴이 꽃잎처럼 하늘거리며 절망 속 희망을 노래하는 대목이 그렇다. "그래요 난 꿈이 있어요… 저 하늘을 높이 나를 수 있어요/ 이 무거운 세상도 나를 묶을 순 없죠/ 내 삶의 끝에서 난 웃을 그날을 함께 해요"라고 노래하며…. (2016. 4. 12)

‘내부’의 진실을 찾아

<내부자들: 디 오리지널> 감독판

지난 금요일, 오랜만에 남산을 백 분 가량 걸었다. 추웠던 겨울날들이 지나가며 느껴지는 봄, 그 산뜻한 공기 마시는 재미에 걷노라니 〈봄비〉라는 노래가 떠오른다. 봄기운 여파인지 오랜만에 두 친구의 전화를 받은 기쁨도 작용했다. “봄비 속에 떠난 사람/ 봄비 맞으며 돌아왔네/ 그때 그날은 그때 그날은 웃으면서 헤어졌는데/ 오늘 이 시간 오늘 이 시간 너무나 아쉬워….” 나로서는 봄맞이 의식처럼 홀로 흥얼대며 부르던 이 노래가 이번에는 다르게 다가온다. 〈내부자들: 디 오리지널〉(우민호, 2015)에서 수차례 들었던 이 노래의 잔영이 오버랩 되었기 때문일 것이다.

불공정한 현실에 정의로운 허구로

지난해 한국 영화를 결산하다 보니 수저계급론의 반작용이 강하게 다가온다. 한국 영화의 주력 액션 영화 계보에도 수저계급론에 대한 분노가 작동하고 있다. 그런 징후를 강력하게 드러낸 〈베테랑〉(류승완, 2015)을 보노라면 현실에서 벌어진 특권층의 범죄들이 하나하나 떠오른다. 이를테면 항공기 땅콩사건의 작태를 저절로 떠올리게 만드는 장면은 불공정한 현실을 정의로운 허구로 처벌하는 대리만족 효과를 주기도 한다. 그런 상황에서 지난해 관객의 폭발적 호응을 얻었던 〈내부자들〉(2015, 우민호)이 '디 오리지널'이란 부제를 붙인 감독판으로 새해맞이 극장에 걸리면서 청소년관람불가 영화 흥행성적 신기록을 세우고 있다.

『이끼』와 『미생』으로 잘 알려진 윤태호 작가가 2012년 『한겨레』에 연재하다 중단한 웹툰을 원작으로 탄생한 이 영화의 매력은 팍팍 튀는 연기력 대결, 코믹한 명대사 등 여러 요소들의 결합에 있다. 예를 들어, 출세를 꿈꾸며 섬기던 언론 거물에게 배신당하자 복수혈전을 벌이는 깡패 안상구(이병헌)의 입에서 나온 대사 "모히또 가서 몰디브나 마실까요."는 이미 유머 인용구로 유행어가 돼버렸다. 대한민국 정·재계 밑그림을 그리는 『조국일보』 논설주간 이강희(백

윤식)가 읊조리는, "어차피 대중들은 개, 돼집니다."는 매우 기분 나쁜 대사지만 의미심장하게 울린다.

실력보다 족보가 중시되는 특권층에 질린 의로운 우장훈 검사(조승우)와 배신당한 정치 깡패의 복수심이 결합하여 짜나가는 범죄 스릴러 〈내부자들〉의 맛은 지금 돌아가는 대한민국 현실과 허구의 상관관계에서 나온다. 지난해 키워드로 선정될 정도로 퍼진 '헬조선'의 근거인 '수저계급론'은 이 영화에서 '족보론'으로 변형된다. 정계, 재계, 언론계가 결합한 콘크리트 같은 삼각 구도, 그런 남성 특권층이 누리는 성접대 관습, 거기에 동원되는 여성연예인 인권문제도 허구 이미지의 은닉된 밑그림처럼 하나둘 떠오른다. 이건 허구 영화지만, 우리가 직간접적으로 살아가는 현실의 구체적인 사건과 정황들, 현실의 부조리를 한 겹씩 까나가는 스릴러 특유의 재미를 전해 준다.

'대한민국을 강타한 권력자들의 진짜 이야기'

어떤 영화의 감독판이 개봉되는 경우는, 극장 상영판에서 잘려나갔지만 더 보고픈 관객의 기대와 더 보여 주고픈 감독의 욕망이 결합할 때 발생한다. 영화사에 남는 SF 걸작 〈블레이드 러너〉(리들리 스콧, 1982)가 대표적인 경우이다.

〈내부자들: 디 오리지널〉 포스터

〈E.T.〉(스티븐 스필버그, 1982)와 같은 해, 같은 장르로 개봉한 이 작품은 어쩌면 자연스럽게도 당연히 〈E.T.〉의 막대한 흥행여파로 흥행에서 참패했다. 그럼에도 불구하고 이 작품에 대한 마니아 관객들으로부터 '저주받은 걸작'이란 지지를 얻게 되면서, 10년 후인 1992년 확장된 감독판 극장 개봉이란 이례적 기록을 세웠다. 그리하여 이 작품은 흥행성 중심의 영화산업 생태가 만들어낸 그림자인 '저주받은 걸작' 감독판의 가치를 증명해낸 셈이다.

그러나 〈내부자들: 디 오리지널〉 감독판은 '흥미진진 흥행작'의 부활이란 점에서 다르다. 감독판이 내건 "대한민국을 강타한 권력가들의 진짜 이야기"라는 선전 문구는 결과

속이 다른 정치공약 현실에 질린 대중의 가려운 곳을 긁어 주는 것이 허구영화의 매력이라는 점을 보여 준다. 그런 점에서, 한국형 범죄 스릴러의 활성화는 현실의 부정의를 먹고 사는 아픈 거울로써 영화의 힘과 그 효용성을 생각하게 만들어 준다. (2016. 2. 2)

'천 개의 눈'이 보는 세상

<트루먼 쇼>, <마이너리티 리포트>

지난 일요일, 지하철을 타고 극장에 갔다. 오는 길에 재래시장 길목에서 따뜻한 장터국수를 사 먹었다. 국숫집에서만 현금을 냈고, 나머지는 다 신용카드로 지불했다. 그런데 다큐멘터리 〈시티즌포(Citizenfour)〉(로라 포이트라스, 2014)를 보고 난 여파로 기분이 영 꺼림칙하기만 하다. 내 행적과 취향 모두 정보화되어 '빅브라더'에게 전송 가능하다는 생각이 들었기 때문이다.

암호를 통해 에드워드 스노든과 접선에 성공한 로라 포이트라스와 『가디언』 기자 글렌 그린월드가 8일간 홍콩 호텔에서 비밀리에 찍은 〈시티즌포〉는 정보감시망의 활약을 생생하게 전달해 준다. 스릴러 장르영화보다 더 긴장감 넘치는 이 기록은 올해 아카데미 다큐멘터리 부문상을 수상하며 한국에도 최근 개봉했다. 극장은 한산했지만, 정보감시 세상의 민낯을 목격하는 불안의 파장이 느껴지는 한숨 소리도 극장 곳곳에서 새어 나온다.

스노든 다큐 <시티즌포>, 정보감시 세상의 민낯을

2013년부터 뉴스를 통해 소개된 이 특급 정보는 올리버 스톤 연출의 〈스노든(Snowden)〉으로 2016년 관객과 만날 예정이다. NSA와 CIA에서 IT 전문가로 일했던 스노든은 감시 프로그램, 즉 인터넷 통신망, 페이스북, 구글 이메일 등을 통해 미국이 전세계 사람들을 감시한다는 초특급 정보를 털어놓는다. 그가 기밀을 하나씩 털어놓으면, 마주 앉은 그린월드가 기사를 쓴다. 그 기사는 뉴스를 타고, 세상이 떠들썩해진다. 스노든을 잡으려는 미국 정부에 대항해 그를 도우려는 힘도 있다. 러시아 공항에서 40여 일간 숨어 지내던 그는 결국 러시아로 망명하게 된다.

"스노든이 공개한 내용은 우리의 프라이버시뿐 아니라 민주주의 자체가 위협당하고 있다는 사실을 보여 준다. 스노든은 물론, 다른 내부 고발자의 용기에 감사하며, 진실을 밝히려 노력하는 그린월드를 비롯한 많은 언론인과 이 상을 나

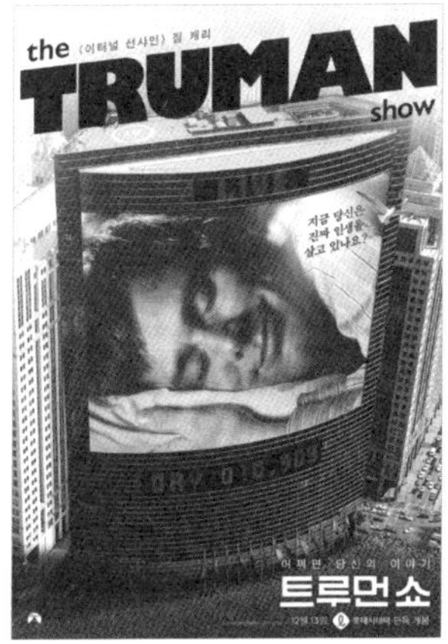

〈트루먼 쇼〉 포스터

누고자 한다."는 포이트라스의 수상 소감은 '천 개의 눈'이 보는 세상에서도 살 길이 있다는 희망의 메시지를 전해 준다.

이 작품의 의미는 눈치 보는 언론 위에 또 다른 미디어의 존재, 즉 막강하고 부당한 권력에 저항하는 미디어로서 독립 다큐의 존재가치와 기능을 전해 준다. 세계영화제를 휩쓸며 극장에 개봉되는 놀라운 다큐멘터리를 만드는 이들은 기자나 탐사보도 출신인 경우가 많다.

그러고 보니 유사한 영화들이 꼬리에 꼬리를 물고 떠오른다. 〈트루먼 쇼(The Truman Show)〉(피터 위어, 1998)는 평범한 남자 트루먼을 지켜보는 24시간 리얼리티 쇼에 관한 영화이다. 첫눈에 반한 메릴과 결혼해서 행복하게 살던 트루면은 모든 것이 통제된 세트 세상이라는 것을 깨닫게 된다. 익사한 줄 알았던 아버지를 길에서 우연히 만나게 되면서 그는 통제 밖 세상으로 탈주할 욕망을 시도하는 각성단계에 접어든다. 그는 통제된 일상을 벗어나려고 배를 타고 탈주하려 하지만 하늘도 바다도 다 세트인 벽이다. 창조주 같은 피디의 협박에 저항해서 세트 세상을 박차고 나가는 트루먼을 보며 탄생부터 그를 지켜본 시청자들은 환호를 보낸다.

정보 권력에 대항해, 시민의 자유를 위한 노력이

〈마이너리티 리포트(Minority Report)〉(스티븐 스필버그, 2002)는 2054년 워싱턴을 무대로 펼쳐진다. 벌어질 상황을 예측해 범죄자를 미리 처단하는 첨단 시스템으로 사회 안전을 우선시하는 미래 세상이다. 그러나 그것은 결국 시민의 자유와 프라이버시를 침해하는 통제의 정당화라는 한계란 점이 밝혀진다.

정보화 시대로 접어들면서 스릴러 영화 장르는 네트워크 권력을 드라마의 쟁점과 스펙터클로 다루고 있다. 첩보원 제이슨 본이 국가 권력에 봉사하다가 버려진 후, 도피하며 저항하는 '본 시리즈'는 지구촌 어느 곳에서나 실시간으로 포착하는 CCTV 스펙터클 액션을 보여 준다. 범죄 스릴

〈마이너리티 리포트〉 포스터

러 〈감시자들〉(조의석 · 김병서, 2013)도 정보 감시와 통제의 힘에 방점을 찍는다.

안전을 위해 곳곳에 위치한 CCTV들, 거의 누구나 들고 다니는 스마트폰은 늘 무언가 전송한다. 파놉티콘을 빌려 미셸 푸코가 경고한 규율사회는 정보화 흐름을 타고 통제사회로 진전되었다. 정보의 제국 속에서도 양심과 용기를 갖춘 탈주는 연대의 희망을 보여 준다. 부당한 권력에 저항하여 목숨을 건 단식을 감행하는 이들이 끊임없이 받아 보는 위로와 격려의 메시지도 정보사회의 또 다른 힘이기 때문이다.

"영웅 또는 배신자로 불리는 것을 어떻게 생각하는가?"

라는 질문에 스노든은 이렇게 답한다. "과거 나는 정부를 위해 일했지만, 이젠 대중을 위해 일한다. 나는 그저 목소리를 내는 한 시민일 뿐"이라고. 바로 그런 대중적 공익에 참여하는 시민이란 지점에서 구원의 빛이 들어오기 시작한다. (2016. 12. 8)

아이들이 지켜보고 있다

<오피셜 스토리>, <자전거 도둑>, <양철북>

유독 풍성하게 피어나던 벚꽃이 찬바람에 쓸려 흘러내린다. 세월호 침몰 1주기를 보내는 서울의 대기는 누런빛을 반사하며 지난 기억과 현재진행형 풍경을 아프게 흘려보내는 중이다.

"세상은 영화가 될 것이다"라는 들뢰즈의 미래 예견은 한국 세상에선 이미 현재로 작동하는 것만 같다. "가만히 있으라"는 공지가 울려 퍼지는 가운데 침몰하는 배와 함께 떠나버린 아이들의 죽음과 실종을 둘러싼 의혹은 사람들을 광장으로 나가게 한다. "세상에서 하나밖에 없는 아이들이 곁에 없다, 현실 같지 않은 현실을 살고 있다"는 한 어머니의 심경 토로는 영화와 현실의 관계를 퍼뜩 일깨워준다.

이참에 다시 찾아본 〈오피셜 스토리〉(루이스 푸엔조, 1985)에서 만나게 되는 '오월 광장의 어머니들' 이미지는 2015년 광화문 광장에서 봄비처럼 온 몸과 맘에 스며든다. 아르헨티나의 대통령궁 앞, 아이들 숨결이 배인 기저귀천으로 만든 하얀 스카프를 쓰고 목요일마다 오월 광장에 어머니들이 모여든다. 1977년부터 군사정권에 의해 비밀리에 납치, 고문, 처형으로 실종된 아이들을 찾아 나선 어머니들이다.

고등학교에서 역사를 가르치는 알리시아는 자신이 입양한 딸 가비의 부모가 누군지 점차 알게 되면서, 그저 남의 일이라고 지나치던 광장 어머니들을 달리 보게 된다. 어떤 할머니 한 분이 실종된 딸과 가비의 어린 시절 사진을 보여 주었기 때문이다. 기업체 간부인 남편과 가비를 키우며 안락한 중산층으로 살아가던 알리시아에겐 공적 기억이 사적인 삶에 접속되는 충격적 사건이 벌어진 것이다. 진실에 직면한 알리시아는 거짓을 만들어낸 폭력적 남편을 떠나 새로운 삶에 접속하면서 주체적 변화를 겪는다.

허구 영화장치를 통해 기억장치로서 예술의 힘을 보여준 이 작품은 남미권 영화로는 처음으로 아카데미 최우수 외국어상을 수상하면서 세계에 널리 알려지게 되었다. 이와 더불어 〈오월 광장의 어머니들〉(1985)이라는 다큐멘터리도 제작되었다. 민주화 과정에서 한계에 부딪친 정부는 어머니들에게 거액의 보상금을 제안하지만, 대부분의 어머니들은 보상금을 거절하며 광장을 지킨다. 이런 사건이 아픈 역사의 한 장으로 끝나지 않은 채 다른 곳, 다른 시기에 유사한 형태로 반복되지 않도록 하는 힘은 지켜보는 아이들을 깨닫게 되면서 시작된다.

부조리한 어른 세상은 아이들에게 어떻게 보일까

그런 생각을 하노라면 추억의 명화로 손꼽히는 네오리얼리즘 영화의 대표작 〈자전거 도둑〉(비토리오 데 시카, 1948)이 자동 반사작용처럼 자연스럽게 떠오른다. 어른들 세상을 지켜보는 아이들이란 존재, 그들의 시선은 드라마를 짜나가는 방향타로 작동한다. 이탈리아 파시즘의 독재와 패전으로 일상적 생존이 위협받던 시절, 침대보를 전당포에 맡긴 돈으로 자전거를 구입한 아버지는 전단 붙이는 일자리를 얻는다. 사방에 넘쳐나는 실업자들 중에서 힘겹게 하루하루 먹고 살 일거리를 찾은 아버지는 담벼락에 공공 벽보를 붙이면서 잠시 한눈을 판다. 뇌쇄적인 할리우드 여배우의 전신 이미지 벽보를 바라보는 바로 그 순간, 옆에 세워둔 그의 자

〈자전거 도둑〉 포스터

전거를 누군가 훔쳐간다. 일자리에 필수 도구인 자전거를 도둑맞은 아버지는 어린 아들 눈을 피해 다른 자전거를 훔친다. 도둑맞은 자가 도둑이 되는 아이러니가 발생한 것이다. 그러나 아이는 그 장면을 지켜보고 있다. 이 영화를 만든 비토리아 데 시카는 무솔리니의 파시즘 치하에서 멜로드라마 스타로 유명세를 떨쳤다. 그러던 중 시나리오 작가 세자르 자바티니를 만나 현실에 접속하는 새로운 영화의 길에 들어선다. 그와 공동작업 한 일련의 작품들에선 아이들의 시선이 핵심이다. 〈아이들이 우리를 보고 있다〉(1943)와 〈구두닦이〉(1946)는 〈자전거 도둑〉과 더불어 '어린이 시점 3부작'을 이루며 아이들 시선의 힘을 깨우쳐준다.

최근 작고한 귄터 그라스의 대표적 소설을 각색한 독일 영화 〈양철북〉(폴커 슐렌도르프, 1979)에서도 어린이 시점이 영화를 주도한다. 나치 점령시기 폴란드의 단치히를 배경으로 한 이 작품에서 오스카는 어른들 세상의 부조리에 질려 아이로 남기로 결단한다. 나이가 들어도 성장을 멈춘 채 광기어린 세상을 지켜보는 아이의 시선은 마술적 리얼리즘의 묘미를 살려낸다.

이런 묘미는 책과 스크린 속에만 갇혀 있는 것이 아니란 사실을 배운다. 떠나간 아이들, 숨쉬며 지켜보는 아이들, 그리고 OECD 기준에 따르면 14년간 초저출산국이 된 이곳에서, "저출산으로 인구 소멸 국가 1호가 대한민국이 될 것"이라는 콜먼 교수의 충격적인 예견처럼 줄어드는 아이들이 우리를 지켜보고 있다. 그것은 어른들 세상의 잘못을 수정해야 한다는 강력한 주문이다. SNS 시대 지구적 관점에서 세상을 보는 아이들 시선에서 세월호 사태를 풀어내야 이곳도 아이들이 희망을 갖고 살만한 나라가 될 것이다. (2015. 4. 21)

우린 왜 '고도'를 기다릴까?

<고도를 기다리며>

어두운 밤, 별빛이 하늘과 강물에 번져나가는 '론 강의 별이 빛나는 밤'이라는 풍경화가 떠오른다. 고흐의 아픈 삶이 풀어낸 화폭은 고통의 에너지가 예술로 생성되는 비의를 증명해낸다. 자신의 이름을 '매우 쓰디쓴'이란 뜻의 러시아어 '막심 고리키'로 짓고, 아픈 삶을 소설로 써낸 작가도 있다. "토악질하듯이 괴롭게 몸부림을 치며" 소설을 쓰는 것이라는 절절한 박완서의 고백도 있다.(「부처님 근처」에서)

권력자와 어른들의 비열함과 무책임 들켜

아픔이 지어낸 작품들이 저릿저릿 다가오는 나날을 많은 이들이 살아내고 있다. 그 속에서 살아가는 나 역시 살아내는 것 또한 쓰니, 그 힘으로 글을 쓰자, 라는 각오로 자판을 두드린다. 마침 라디오에서 들려오는 노래 〈조율〉은 아픔의 속내를 뒤집어낸다. "알고 있지 꽃들은/ 따뜻한 오월이면 꽃을 피워야 한다는 것을 (…) 무엇이 문제인가/ 가는 곳 모르면서 그저 달리고만 있었던 거야/ 지고지순했던 우리네 마음이/ 언제부터 진실을 외면해 왔었는지/ 잠자는 하늘님이여 이제 그만 일어나요/ 그 옛날 하늘빛처럼 조율 한번 해주세요." 이런 곡을 지어낸 한돌의 아픔의 에너지가 와 닿는다. 처절하게 깔리며 절규하듯 외치는 한영애의 리듬은 이 세월에 공명한다. 2014년 4월 16일 이후, 아픔 뒤에 깔린 권력자와 어른들의 비열하고 무책임한 진면목이 아이들 앞에서 들켜버렸다.

"기다리라"는 어른들의 말을 잘 듣는 아이로 성장한 아이들이 못다 핀 꽃으로 지는 상황을 지켜보노라니 어안이 벙벙하고 힘들다. 돈보다 생명을 위하는 박애심도 없는 기이한 위계질서와 기회주의에 급급한 어른 무리에 묻혀 또 하나의 어른으로 살아내는 것도 숨이 막혀 온다. 어디에서건 아이들을 만나면 미안하다. 그저 같은 시공간에서 책임감을 갖고 아이들과 같이 살아내는 것이 일상의 책무라는 생각도 든다.

〈고도를 기다리며〉는 산울림 소극장에서 40년 이상 지속적으로 공연되고 있다. 불현듯 왜 한국판 〈고도를 기다리며〉가 세계적으로 인정받는 무대인지 퍼뜩 다가온다. 이 작품을 쓴 사무엘 베케트는 옆모습이 매처럼 예리해 보이는 아일랜드 출신이다. 아일랜드는 〈커미트먼트〉(알란 파커, 1991)라는 영화에서 그려내듯이 약소국 특유의 역사적 아픔을 가진 국가이며, 아일랜드인을 '유럽의 흑인'으로 비유하는 악습도 있다. 베케트는 아일랜드를 떠나 나치에 저항하는 레지스탕스로 프랑스에 머문다. 그는 제2차 세계대전 후 『고도를 기다리며(En attendant Godot)』를 발표했다. 이 작품은 지극히 단조롭고 지루해 보이지만, 우매한 대중의 막막한 현실감을 절절하게 전해 준다. 실존철학의 대가 사르트르는 이 작품이야말로 "최초의 완벽한 희비극"이라고 격찬했다. 프랑스의 보수 일간지 『르 피가로』에서도 이 무대를 보고 "광대들이 공연하는 파스칼의 명상록"이라는 유려한 찬사를 바치기도 했다.

세월이 흘러 다시 잊은 채 반복될까 두렵다

문학사에 기록된 걸작이기에 읽어봐야 한다는 의무감에서 이 작품을 읽었던 기억이 난다. 왜 이 남자들은 고도를 기다

연극 〈고도를 기다리며〉 포스터

릴까 답답해 보였다. 그러다가 4년 전이던가, 서울 한구석 산울림에 가서 임영웅 연출로 전개되는 연극을 보며 그 답답함이 조금 풀리는 듯했다. 앙상한 나뭇가지가 배치된 황량한 무대를 마주했다. 단조로운 반복을 구경하며 우리의 사회사와 역사적 질곡이 나의 삶과 오버랩 되는 아찔했던 감흥이 아픈 4월을 보내며 강력하게 되살아난다. 반복적인 일상적 시간을 보내며 사람들이 기다리는 고도(Godot)는 신을 뜻하는 영어의 갓(God)과 프랑스어의 디유(Dieu)의 합성어란 해석도 있다. 부조리한 세상에서 희망과 꿈을 가진 이들에게 더 나은 세상을 가져다 줄 초월적 존재, 막강한 권력이 바로 그 기다리는 고도일까? 기다려도 오지 않는 고도,

그런데도 고도가 올 것이라는 기대는 왜 지속되고 반복되는 것일까?

"사람들은 서서히 늙어가고 하늘은 우리의 외침으로 가득하구나. 하지만 습관은 우리의 귀를 틀어막지."라는 블라디미르의 대사가 잔인한 사월, 먹먹해진 귀를 찢으며 공명해 온다. 귀를 막는 습관, 관료주의에 대한 낙심과 무심함, 악의 평범성을 기다리지 말아야 한다는 각오도 솟아오른다. 아이들이 보고 있고, 울고 있고, 떠나는 세상을 "이번엔 잊지 말아야 해"라고 스스로 다짐하기도 한다. 그런데 세월이 흘러가노라면 과거 그래왔듯이 악습을 잊은 채 다시 그런 과거 세상이 반복될까 두렵다. 모든 반복에는 차이가 있어야 구조된다. 이번엔 차이를 만들어내야 한다. 고도를 기다리는 데 쓰던 에너지가 스스로 고도가 되는 변화와 연대의 힘으로 분출할 것을 기원한다. (2014. 4. 29)

꽃들이 떨어진다

<희생>

오후 네 시, 꽃샘추위 속에서도 강렬한 봄볕이 실내로 들어온다. 놀라운 것은, 지난달 핀 꽃 한 송이였다. 죽은 것처럼 말라버린 작은 나무지만 수년간 물을 주고 햇볕 따라 옮기며 돌봤더니 8년 만에 꽃이 피었다. 화사한 분홍빛과 붉은빛이 섞인 꽃을 보노라니 시름시름 앓던 생명이 살아나는 작은 기적처럼 보인다. 늦게나마 식물과 함께 사는 공생의 묘미에 재미 붙여가며 사랑을 나누는 기술을 배운 것만 같다. 매일 아침 화사한 꽃 한 송이를 바라보노라니 〈희생〉(안드레이 타르코프스키, 1986)이란 영화의 도입부가 떠오른다. 노인이 어린 아들에게 앙상한 나무에 매일 물을 주라는 선승의 지혜를 들려준다. 제자에게 언덕 위 마른 나무에 매일 물을 주면, 언젠가 살아날 것이라는 고승의 이야기는 생명을 살리는 돌봄의 기술을 가르쳐준다.

말라버린 나무, 8년 만에 꽃이 피다

3월 8일 '세계 여성의 날'을 서로 축하하는 화사한 꽃더미 형태의 이미지가 문자로 날아온다. 제자가 보내 준 따뜻한 마음이 꽃처럼 피어난다. 그러나 그것도 잠시, 온갖 꽃들이 떨어지는 우울한 소식에 적막해진다. 생활고에 지친 도시 한 구석, 세 모녀의 죽음에 이어 떨어지는 꽃봉오리들의 애절한 소식이 매일 동시에 연달아 날아온다. 짝짓기경쟁 프로그램 같은 리얼리티 방송에 출연했던 한 여성 꽃이 너무 일찍 떨어져버린 소식도 들린다. 고달픈 삶의 현장을 지키며 노동인권을 위해 살아왔던 다른 여성 꽃들도 떨어진다. 그런데 한 신문기사에선 그 이유를 개인사와 우울증이라고 진단한다. 사회활동을 하는 여성에게 개인사와 사회사는 분리된다는 뜻일까? 여성이건 남성이건, 사회적 동물인 인간에게 개인사와 사회사는 뫼비우스 띠처럼 하나로 돌아가는 차원이 아니던가?

온갖 매체가 자살률 증가를 크게 걱정하며 원인과 대안을 제안하고 있다. 한국여성정책연구원이 2010년 펴낸 『여성자살현황 및 정책방안』 보고서는 오히려 가족문제가 자

〈희생〉 포스터

살과 연관된 것을 보여 준다. 자영업주와 무급가족종사자 중에서 최근 1년간 자살을 생각해 본 비율은 여성이 24.6%로, 남성 7.8%에 비해 훨씬 높게 드러나고 있다. 비정규직이건 정규직이건 여성 노동자가 남성 노동자보다 삶에 더욱 회의적인 여러 지표들도 제시되고 있다. 이런 성별 격차에 대해 "여성은 가족을 돌봐야 한다는 스트레스가 강하기 때문"이라는 전문가의 해석이 덧붙여진다.

전통적 가족주의, 최후의 보루일까

가족이 인생의 고단함과 기쁨을 기댈 마지막 보루인 양 인식하는 가족관은 공공복지제도와 사회공동체로 연결되는 망을 차단시켜 버린다. 한국 사회에서 존속 살인율이 유독 증가하는 것도 관습적 가족관에 대한 위험한 경보이다. 미성년 자녀를 데리고 세상을 떠나는 부모의 죽음이 이어지는 데도 경제난과 더불어 가족붕괴를 자살증가 원인으로 진단하는 것은 이율배반적이다. 세계적인 아동구호단체인 세이브더칠드런이 마침내 언론에 나도는 '동반자살'이란 표현을 보다 못해 그런 표현의 자제를 요청했다. "자녀는 부모가 마음대로 처분할 수 있는 재산도, 소유물도 아니다. 부모의 처지가 아무리 절망스럽다 해도 부모가 자녀를 죽일 권리는 없다."는 '세이브더칠드런'의 지적은, 자녀를 부모의 소유물로 바라보는 뒤틀린 가족관에 근거한 반인권적 면모를 드러내 준다. 오래전 농경시대 혈연 중심 대가족 전통을 가족관으로 내려받아 가족과 가정을 최후의 보루인 양 칭송하는 관습이 21세기에도 유효할까? 오히려 그런 가족관은 복지사회로 가는 대안적인 돌봄의 공동체 가능성을 차단시키는 장애물이 되기도 한다.

한국의 자살률은 OECD 회원국 중 1위로, 지난 20년간 3배 늘었다. 특히 노인과 여성자살률 증가율이 다른 국가들에 비해 매우 크다. 치열한 경쟁 시스템과 자본 양극화에 시달리는 현재 상황에서 전통적 가족관의 복원은 변화된 세상의 흐름을 따라잡지 못하는 시대착오적 현상이다. 시들어가는 식물도 물과 빛이 있으면 살아나듯이, 사회적 공공복지 시스템 속에서 대안 가족 공동체에 매일 물을 주며 꽃피우는 작은 기적들이 이 땅에서 피어나게 하는 것. 그것이 봄과 함께 우리에게 찾아온 위기 호출 메시지로 보인다. (2014. 3. 11)

노인을 위한 나라

<마이 플레이스>, <만찬>, <노인을 위한 나라는 없다>

설날 떡국 밥상에서 노인들의 삶의 지혜를 듣는다. 일용할 음식을 먹듯이 나이를 먹는다는 의미가 어떤 것인지 새삼 다가온다. 성장기를 넘어서면 누구나 노화 여정에 들어선다. 자연스러운 흐름이다. 그런데도 나이 먹기 거부를 뜻하는 '안티에이징' 상혼이 넘쳐난다. 젊어지기 찬가를 부르는 나이 거꾸로 먹기 추세가 아무리 강력해도 노인의 고뇌는 곳곳에서 드러난다. 환갑잔치를 사라지게 한 수명 연장은 축복만은 아닌 빈부격차 문제로 아프게 터져 나오기도 한다.

2014년 설날, 망백의 노인 독거사 소식이 들려온다. 자녀가 있어도 폐지를 주우며 홀로 살아온 노인의 고달픈 삶이 뉴스로 뜬다. 지난해 10월 어느 날, 트렌치코트에 영자신문

뭉치를 들고 노숙하다 세상을 떠난 노인의 소식도 오버랩된다. 그녀는 특이한 행색으로 한국 청춘들에게 '맥도날드 할머니'로 불렸지만, 유일한 친구는 외국 여성이었다는 사실이 인터넷을 달구는 뉴스로 떠올랐다. 정이 메마른 사회 현실을 고발하는 예외적 현상으로 외국인의 정이 부각된 것일까?

뉴욕 햄버거 매장에서 한인 노인들이 쫓겨나기도

빈곤한 노숙자가 아니어도 한국의 노인들은 머물 곳이 없어 해외뉴스거리로 떠오르기도 한다. 이를테면 지난 1월 중순, 뉴욕 한인 타운에 있는 햄버거 매장에서 한인 노인들이 경찰에게 쫓겨나는 소동극이 벌어졌다. 커피값도 저렴하고 앉아 있기도 좋아 노인들이 햄버거 집을 사랑방처럼 이용한 것이 화근이었다. 한인사회에서는 인종, 노인차별에 항의했고, 결국 한국과 미국의 문화 차이를 인정하며 화해로 일단락 지었다. 오래 매장에 머무는 한인 노인들을 쫓아내려고 경찰을 출동시키는 일은 하지 않겠다는 다짐도 발표됐다.

노인들이 머물 곳이 없어 고단한 것은 한국 안이건 밖이건 닮은꼴이다. 아이도 노인도 모두 가족의 책임으로 돌리는 가족해결주의는 농경 중심 대가족제가 해체되어도 여전히 현재를 사는 한국인의 생활 습속처럼 자리 잡고 있는 것 같다.

최근 개봉한 한국 영화에서도 가족해결주의를 둘러싼 고뇌가 가득 묻어나온다. 자전적 다큐멘터리 〈마이 플레이스〉(박문칠, 2013)는 미혼모 동생의 존재를 계기로 가족이란 공동체와 함께 그리고 따로 자신의 자리를 모색하는 여정을 보여 주고 있다. 가족 중심에 헌신하는 윗세대, 결혼 중심주의를 벗어나 또 다른 대안 가족으로 변화하는 자녀 세대의 갈등과 차이가 담담하게 표현된다.

자식들 용돈으로 살아가는 노부부와 2남1녀의 삶을 응시하는 〈만찬〉(김동현, 2014)에서는 가족을 지키려고 만신창이가 돼가는 장남의 책임과 아픔이 진하게 배어 나온다. 이혼과 실직으로 역경에 처한 자녀세대, 대리운전을 하다가 우발적인 살인사건에 말려들어도 형제간의 우애로 풀어나가려는 가족 내 비밀과 거짓말…. 식구끼리 오붓하게 밥상을 나누는 제목 '만찬'은 회고적 이미지에 집착하는 현실적 아픔의 반어법처럼 보인다.

노인을 위한 공동체는 불가능한가?

65세 미만 생산 가능 인구가 부양해야 할 노인의 수가 40여

〈노인을 위한 나라는 없다〉 포스터

년 간 3배 증가할 것이란 예상치가 발표되었다(통계청 장래 인구추계, 2월 1일 발표). 이런 수치는 우리만의 것은 아니다. 새해 특집 TV다큐 〈늙어가는 지구〉에 따르면, 급격한 고령화는 세계적 추세이다. 선진국 기준, 60세 이상 인구 비율은 1999년 10%에서 2050년에는 22%로 2배 이상 증가할 전망이라고 밝히고 있다.

〈노인을 위한 나라는 없다〉(코엔 형제, 2007)가 노인 보안관의 무력함을 보여 주듯이, 이미 세상은 노인을 위하지 않는다. 유럽에선 더 싼 나라에 가서 섬김을 받는 양로 이민 전략도 성행하고 있다. 빈곤 노인을 위한 나라는 없는 것이 더 큰 문제이다. 대가족이 해체된 시대를 살면서, 그 시절 형성된 가족 중심주의를 넘어선 노인 중심 공동체 구성이 절실하다. 다큐멘터리 〈로큰롤 인생〉(스티븐 월커, 2007)이 보여주듯이 인생의 마지막 단계를 자유롭고 즐겁게 살기, 혈연가족 아닌 다른 이들에게도 노인의 지혜와 베풂을 나누는 인생길 가기, 아랫세대에게 봉사하고 같은 세대끼리 우애를 즐기기 등. 그런 '노인을 위한, 노인에 의한' 노인 공동체문화가 21세기형으로 창조되어야 한다. (2014. 2. 4)

참회 없는 세상

<시저는 죽어야 한다>

을(乙)의 억울함과 갑(甲)의 횡포가 꼬리에 꼬리를 물고 일상적 사건으로 보고되는 중이다. 을의 신문고가 생기고, 부당한 갑을 처벌하는 공정한 시스템의 부족을 시민정신으로 깨우쳐 나가는 움직임도 감지된다. 일상적인 음료 유통과정에서도 밀어내기를 당한 을들의 서러움이 배어 있다. 그런 사태를 알고 나니 더위를 식히려 차가운 음료수를 집어들 때도 특정 기업 제품인지 확인해 보는 습관까지 생겼다. 문제의 기업 매출실적이 줄었다는 보도를 보며, 이와 유사한 다른 횡포도 시민정신에 힘입어 응분의 대가를 치르는 풍토가 조성되면 얼마나 좋을까, 라는 생각도 든다.

그런 생각도 잠시, 이어지는 또 다른 갑들의 횡포는 머리를 지끈거리게 만든다. 온갖 분야에서 벌어지는 갑들의 횡포와 몰양식 더미 속에서 공정 시스템이 작동하지 못하니 우울과 비애감이 깊어질 수밖에 없다. 한국이 우울증 지표에서 세계 상위권을 달리는 이유도 이와 무관하지 않을 것이다. 국민건강보험공단의 진료 통계에 따르면 우울증 관련 환자가 지난 4년간(2007~2011) 47만 6천 명에서 53만 5천 명으로 12.4% 늘었다. 신자유주의 시대의 우울, 사회의 우울이 깊어지는 것은 서글픈 현실로 다가온다.

잘못을 저지르고도 떵떵거리며 잘 사는 강자?

"포악한 권세가에게도 양심이 있나요?", "왜 우리 사회는 잘못한 강자에게 합당한 벌을 주지 않나요?" 이런 질문을 학생들로부터 받을 때도 있다. 잘못하고도 떵떵거리며 사는 이들을 건드리지 못하는 불공정 시스템에 질려 공정한 해결을 갈망하던 차에 〈시저는 죽어야 한다〉(파올로 타비아니·비토리오 타비아니, 2012)를 보니, 예술을 통한 각성의 힘이 용기를 준다.

역전 노장 타비아니 형제 감독이 연출한 이 작품은 레비비아 교도소의 공연과정을 보여 준다. 파비오 카발리는 독창적이고 감동적인 연극 만들기로 정평이 난 교화작업 예술

〈시저는 죽어야 한다〉 포스터

가이다. 셰익스피어 원작 「줄리어스 시저」를 무대에 올리기 위한 오디션으로 영화는 시작된다. 같은 상황을 한 번은 슬프게, 또 한 번은 화를 내며 표현하는 오디션을 거쳐 20여 명의 수감자들이 로마제국 정치가들 역을 하나씩 맡는다.

마약 밀매자(지오반니 아르쿠리)는 시저 역을 맡고, 조폭 범죄자(살바토레 스트리아노)는 브루투스 역을 맡고, 살인범(코시모 레가)은 교활한 음모가 카시우스 역을 맡는다. 이들은 모두 심각한 범죄로 종신형 내지 장기복역형을 받은 죄수들이다. 시저가 총애하던 양자 브루투스로부터 암살당하는 사건을 정점으로 한 연극은 감옥 복도와 도서관, 마당을 누비며 6개월간 연습에 들어간다.

조악한 종이칼과 간단한 망토를 두른 채 지역어로 연습하면서 이들은 점차 변해 간다. 오래전 로마의 권력가와 현재의 수감자라는 신분 차이에도 불구하고 이들이 외우기 위해 반복하는 대사에는 믿음과 배신, 음모와 살인, 진실의 가치와 고통이 깊게 배어 있다. 이들은 대사를 외우며 연기를 하다가 불현듯 과거 자신의 모습에 부딪힌다. 독재자가 된 시저를 처치하기로 결심하는 고뇌에 사로잡힌 브루투스 역을 하던 살바토레는 자신의 범죄 과정이 되살아나 고통을 겪는다. 그런 과정에서 범행을 저지르며 고민했던 악몽이 떠올라 더 이상 연습을 못하겠노라고 거부하는 이도 있다. 범죄를 저지른 이라고 해서 모두 참회하고 반성하며 사과하지는 않을 것이다. 그런데 무대에서 저마다 맡은 캐릭터에 접속하며 연기해나가는 과정을 통해 놀라운 심경 변화를 점차 저마다의 사연을 통해 드러내기 시작한다.

시공을 넘어 복잡다단한 삶의 상황에 맞아떨어지는 셰익스피어 명대사도 훌륭하지만, 수감자들의 은닉된 심성을 끌어내는 카발리 연출가의 '자유연상기법' 수행 솜씨가 탁월해 보인다. 어떤 도덕적 설교도 인간을 바꾸지 못하지만, 예술은 인간을 바꾸는 힘이 있다, 라는 명제를 실감나게 해준다.

소박한 교도소 무대가 초청객들의 환호 속에 막을 내리고 배우들은 좁은 방으로 돌아간다. 교도소 생활을 그럭저럭 영위하던 중형의 수감자는 이렇게 토로한다. “예술을 알고 나니 이 작은 방이 감옥이 되었구나!”라고. 성찰의 울림이 강한 이 고백을 듣노라니 우리의 아픈 현실이 겹쳐진다. 뉘우치지 않으며 갑질을 하는 강자들에게 〈시저는 죽어야 한다〉 만들기처럼 자신의 처지를 타자 캐릭터에 접속시켜 참회할 기회를 주는 예술 작업을 통한 공정 시스템을 작동시키는 것, 그것이 사회의 우울을 치유하는 건강회복 처방책이란 생각이 든다. (2013. 6. 18)

그때 거기에선 무슨 일이?

〈남영동 1985〉

언론사로부터 전화가 걸려온다. 정치영화, 혹은 정치적 영화들이 민감한 시기에 연이어 개봉하는 걸 어떻게 생각하는지 묻는다. 〈광해, 왕이 된 남자〉가 인기를 끌 무렵에도 그랬고. 최근엔 〈남영동 1985〉에 대해서 묻는다. 영화 개봉은 관객과 가장 잘 만날 수 있는 시기를 고르는 것이 최적이다. 〈남영동 1985〉는 저예산 영화이기에 더욱 그럴 것이다. 그보다도 영화의 실존적 주인공 김근태 님이 지난해 인생 산책을 마감하셨기에 이제야 가능했을 것이란 상상도 간다.

드라마 구성은 군더더기 없이 간결하다. 고문현장에 카메라가 들어가 일지처럼 22일 동안 날짜를 매기며 숨 막히는 상황 자체를 재현해낸다. 공간적 배경도 일관되게 단순하다. 빛

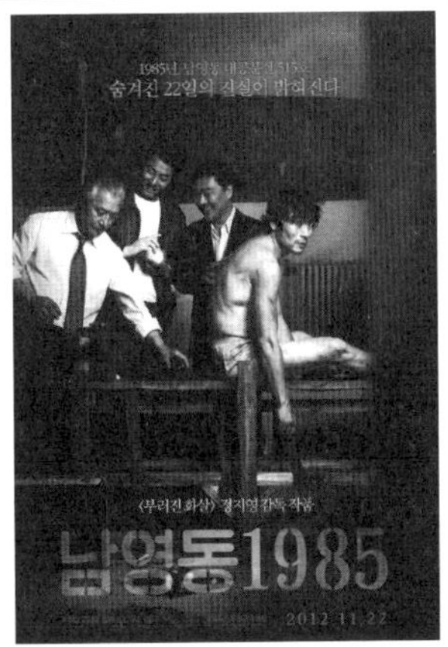

〈남영동 1985〉 포스터

이 들어오지 않는 밀실, 취조용 작은 책상과 의자들, 그리고 낡은 욕실 같은 공간이 전부이다. 등장인물도 단출하다. 밀실을 관리하는 소수 상주인물과 간혹 등장하는 상관 두 명, 그리고 '장의사'로 불리는 출장 나온 고문 기술자가 전부이다. 이곳에 잡혀 온 김종태(박원상)는 반국가사범임을 고백하는 가짜 진술서를 써내야만 풀려난다. 가짜 진술서를 요구하는 권력이 비밀리에 집행되는 공간과 시간이 스크린을 물들인다.

고문과 공포 속에서 권력이 원하는 거짓말을 써냈기에 제대로 기억해낼 수조차 없는 어이없는 상황. 극도로 부조리한 상황을 해결하는 것 또한 반복되는 고문이다. 물, 전기, 고춧가루, 칠성판… 그리고 죽음과 고문 흔적이 발각나지 않도록 안티프라민과 청진기도 동원된다. 글을 쓰느라 떠올리는 것조차도 괴로운 용도의 도구들, 이 도구들을 사용하는 이 분야 기술의 달인 이근안(이경영)은 휘파람을 불며 작업한다. 조금만 들어도 "넓고 넓은 바닷가에 오막살이 집 한 채/ 고기 잡는 아버지와 철모르는 딸 있네 (…) 늙은 아비 혼자 두고 영영 어딜 갔느냐." 노랫말이 자동으로 떠오른다. 존 포드의 목가적인 서부극 〈황야의 결투〉에서 흘러나오던 애수 어린 그 노래 〈클레멘타인〉! 그런데 끔찍한 짓을 하는 인물의 휘파람으로 이 노래가 들려오면 가슴이 무너져 내린다. 권력이 호출하는 애국이란 명분으로, 직무수행을 충실히 하는데 평안함이 필요해 스스로를 위안하려고 부는 휘파람일까? 간혹 끼어드는 아일랜드 민요에서 유래한 노래도 터질 것 같은 긴장감에 틈새를 만들며 귀를 간질인다.

충격, 분노… 그리고 노래

참혹함의 극치에서 나오는 노래, 기막힌 상처와 고통을 통과하는 치유로서 예술의 힘일까? 이 대목에서 우아한 화면 속에 예측불허의 전복으로 종교와 전쟁의 참상을 고발한 〈그을린 사랑〉이 떠오른다. 감옥에서 성고문을 받는 여자, 그녀는 처절한 고통 속에서 노래를 부른다. 그래서 '노래하는 여자'로 불린다.

밀실에 근무하는 이들에게도 일상은 힘겹다. 때론 라디오 프로야구 중계를 들으며 어느 팀이 이길 것인지에 관해 대화를 나눈다. 과도한 근무에 치여 연애할 여유조차 없는 청년은 여자 친구 문제로 괴로워하기도 한다. 심지어 김종태에게 상담을 받을 정도로 우스운 상황도 벌어진다. 직장이기에 참혹한 짓에 말려들었지만, 그런 직장으로부터 탈주하지 못하는 시대의 우울을 앓는 이들이 존재할 것만 같아 "그저 영화 속 장면일 뿐"이라고 웃어넘길 수 없다. 최근 들통 난 민간인 사찰에서 고문은 없었겠지만, 남영동의 그림자가 느껴지기에 그런 것일까? 그때 그 시절을 여전히 앓고 있는 이들의 숨결이 다가온다. 그래서일까? 영화를 보노라면 몸과 맘 모두 저려온다. 그렇다고 피할 수는 없다. 인류가 산업화 공해로 파괴되어 가는 지구 환경문제를 다룬 다큐멘터리 〈불편한 진실〉의 제목처럼 영화란 아프고 불편한 진실을 응시하게 만드는 매체이다. 그것은 진실의 힘을 포기하지 않는 삶과 예술의 관계이기도 하다. 바로 그런 영화의 존재 이유를 정지영 감독이 남영동 밀실에서 증명해낸 것이다. (2012. 11. 27)

팁 일생일대 악역을 맡은 이경영의 연기력이 불편한 볼거리를 넘어 만개한다. 온몸을 숨김없이 드러내는 박원상의 연기투혼도 감동적이다.

어린 낙엽이 지는 소리

<세 얼간이>

눈이 시리도록 푸르른 하늘, 고풍스런 낙엽. 도처에 널린 아름다운 가을 풍광 속을 거니노라면 시몬과 구르몽이 떠오른다. 아마도 오래전 익힌 구르몽의 시 「낙엽」의 연쇄작용 효과일 것이다.

"시몬, 너는 좋으니 낙엽 밟는 소리가…"라며 말을 거는 이 시는 기찬 서정적 운치로 낙엽과 삶을 하나로 돌린다. 땅위를 구르는 낙엽, 그건 바람을 타고 왔다가 가는 인생을 성찰하게 만든다. 그래서 가을이면 구르몽의 인생 낙엽론을 음미하며 가을편지라도 쓰고픈 욕망에 잠긴다. 그런데 낙엽보다 먼저 떨어져 땅위를 구르는 청소년 자살 소식이 가을편지로 가슴에 꽂힌다.

금메달 행진과 경제력으로 상위권에 속한 걸 과시하고 〈강남 스타일〉 말춤으로 세계를 즐겁게 하는 한국. 그런 한국이 자살률에서 고공행진을 벌이는 점은 모순의 극치이건만, 이제 더 이상 놀라운 뉴스가 아니다. 이 좋은 가을날, 가을 편지로 날아든 청소년층 자살률 급증 소식은 보고 또 봐도 아프고 충격적이다. 10년간 청소년 사망원인 1위는 자살인데, 두 배로 급증했다(2000년 13.6% → 2010년 28.2%). 이들을 지도하는 초·중·고 교사의 자살률도 지난 2년간 두 배로 급증했다(교육과학기술부 자료, 2010년 17명 → 2011년 31명). 얼마 전 특수 고등학교와 교원 연수 특강을 다녀온 탓일까? 배우고 가르치는 이들이 맞물려 푸르른 잎조차 피우지 못하고 낙엽보다 먼저 떨어지는 사회란 지독하게 병든 건 아닐까, 하고 자문하게 만든다.

더 이상 우리를 죽이지 마라!

이 글을 쓰는 이 순간 바로 직전, 9월 23일 청소년공동체 '희망'은 교육과학기술부 앞에서 추모의식을 거행했다. "더 이상 우리를 죽이지 마라"는 호소를 하면서. 청소년 자체 조사에 따르면, 경쟁위주 입시제도, 청소년에 대한 무관심과 편견이 자살을 부추긴다는 것이다. 영화 속에서 만난 다른 나라 청소년의 유사한 상황이 떠오른다.

좀처럼 인도 영화를 수입하지 않는 한국에서 청소년층의 폭발적 인기에 눌려 뒤늦게 개봉한 〈세 얼간이〉(라지쿠마르 히라니, 2009)를 되새겨 보자. 40만 명 지원자 중 200명을 뽑아 최고로 돈 잘 버는 공학인재를 길러내는 명문 공대와 기숙사가 그 무대이다. 학장은 신입생들 앞에서 '뻐꾸기-인생경쟁론'을 주입시킨다. "너희들이 합격하면서 떨어트린 지원자들은 뻐꾸기 둥지에서 떨어져 깨진 알들이며, 모든 이를 딛고 승자만 우뚝 솟는 경쟁력 향상에 매진하라"는 것이 그의 교육철학이다. 이런 경쟁판에서 란초에게 조이와의 만남은 경쟁하지 말고 자기 식으로 살기 정신을 일깨워주는 계기가 된다. 기계에 미쳐 이곳에 온 조이는 헬리콥터를 만들지만 제출기한을 못 맞춰 절망한다. 학점과 상관없이 강의를 듣다가 선배 조이를 알게 된 란초는 그가 기숙사 한 구석에서 절망스럽게 노래하는 모습을 엿본다. "내가 살아온 인생/ 다른 이들의 삶/ 단 한 순간만이라도/ 삶이란 걸 살게 해주오/ 내게 햇빛을 내려줘, 비를 내려줘." 그의 절규를 들은 란초는 친구들과 밤새워 조이의 헬리콥터를 완성해 다음날 그의 방에 날려 준다. 헬리콥터를 따라 카메라가 올라가 잡은 그의 창문, 그 안에서 목매어 자살한 조이의 모습이 보인다. 조이의 장례식에서 란초는 학장에게 따진다. 그건 자

삐뚤어진 천재들의 세상 뒤집기 한판!
천재공학도들의 유쾌한 반란
일류 명문대,
세 얼간이
감독판
웃을 것이다!
웃어라! 그들이 너와 함께
2016년 11월 대개봉
CGV 단독개봉

〈세 얼간이〉 포스터

살이 아니라 당신이 죽인 것이라고. 유사한 상황이 〈죽은 시인의 사회〉에도 나온다. 명문사립고 웰튼 아카데미, 연극을 하고픈 페리는 아버지 몰래 오디션을 본다. 이 사실을 알게 된 아버지는 페리를 강제로 엘리트 군사학교로 전학시킨다. 아버지란 이유로 그 자신이 생각하는 출세로 가는 길에 아들을 집어넣은 것이다. 그 결과 페리는 죽음을 선택하고, 이를 부추겼다는 이유로 로맨스 인생론을 가르친 키팅 선생은 파면 당한다.

물론 이건 허구 영화이다. 그러나 우리가 지금 이곳에서 직면하는 청소년 죽이기 현실과 무관하지 않다. 한국의 청소년은 판도라 경쟁 상자에 갇혀 있다. 경쟁을 덮고 자신의 기질대로 살아갈 재미를 배우는 교육 철학과 시스템이 절실한 과제이다. 어른들 역시 인센티브 경쟁 구조 속에서 살아가기에, 앞으로 더 그런 세상이 될 것이라고 예측하며 다음 세대에게 경쟁으로 줄 세우기 훈련을 시켜야 한다는 망상에 사로잡힌 것만 같다. 대선을 앞둔 가을, 온갖 희망이 공약으로 나부낀다. 그 가운데 청소년을 경쟁 상자에서 꺼내 주는 정책과 전략이 발생하기를 희망한다. (2012. 9. 25)

누가 웃음을 두려워할까요?

<장미의 이름>

웃음은 살아내기 힘든 삶의 명약이다. 고통과 스트레스 완화는 물론 질병 치료와 건강증진 효과가 있는 웃음치료는 13세기부터 시도된 의술이기도 하다. 최근 가까운 친지 세 사람이 연이어 암투병에 들어갔다. 사랑하는 그들에게 내가 해줄 수 있는 것은 웃음 나누기뿐이었다. "아무 생각 말고 코미디 보며 웃어요. 웃음이 저항력, 면역력, 치유력 모두 키워 주는 명약이니까." 그러면서 그들과 농담 나누기를 했다. 때론 그들을 안고 울고 싶었지만 웃는 게 더 낫다고 생각했다. 그러다보니 어느 때보다 그들과 함께 많이 웃었다. 웃음 덕인지 세 사람 모두 건강을 되찾는 중이라고 전해 준다.

웃음은 깊은 감동과 의미를 느끼게 해

올해 관객의 지지를 가장 많이 받은 한국 영화도 웃음이 넘쳐나는 작품들이다. 전반기엔 〈써니〉(강형철, 2011), 후반기엔 〈완득이〉(이한, 2011)가 그렇다. 두 편 모두 고통스런 삶을 제2의 인생으로 변혁시키는 극적 상황을 웃음 속에 풀어나간다. 진정한 코미디의 미덕은 이념이나 도덕을 내건 에토스보다는 고통을 웃음으로 녹여내는 페이소스에 있다. 코미디의 제왕 채플린의 작품은 가난한 약자의 입장에서 권력을 조롱의 대상으로 삼아 왔다. 그런 웃음창출 작업을 통해 비극적 현실이 희극적 상황으로 반전되는 코미디 공학이 실행된다. 그리하여 권력 풍자의 장으로 코미디가 탄생하는 것이다. 골계와 해학으로 양반권력을 풍자하는 마당극, 절대권력 왕과 사제도 통제하지 못했던 유럽의 바보제, 이런 웃음만발 난장은 부당한 권력에 저항하고 쌓인 분노를 발산하는 화합의 축제였다. 〈왕의 남자〉(이준익, 2005)에서도 연산군과 광대의 관계를 통해 권력의 우울과 웃음의 상관 관계를 보여 준다.

그런데 웃음이 고소당하는 사태가 지금 이곳에서 벌어지고 있다. 개그콘서트의 인기 절정 '사마귀유치원'에서 개그맨 최효종이 '(집권 여당) 국회의원 쉽게 되기'를 풍자한

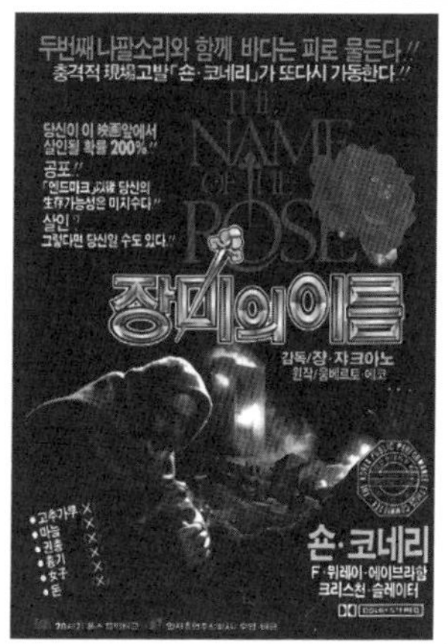

〈장미의 이름〉 포스터

것이 집단 모욕죄감이란 것이다. 하하하~ 우선 웃고 볼 일이다. 개그 코미디를 자기 모독으로 수용하는 이유는 무엇인지 궁금하다. 세상의 이목을 끌고 싶어 한 일이라면 일단 성공이다. 게다가 이런 고소 건으로 쓴웃음을 유포하며 권력과 웃음의 관계를 깊이 성찰하게 만드는 기회를 준 기여도 한 것 같다. 이 사태를 보며 두 가지를 발견하게 된다.

해학과 풍자는 세상을 보는 또 다른 눈

하나는 중세 수도원의 도서실 연쇄살인사건에 대한 것이다. 평소 흠모해 온 중세전공 기호학자 움베르토 에코의 소

〈장미의 이름〉의 한 장면

설 『장미의 이름』을 영화화하려고 중세 관련 책 한 트럭분을 읽어낸 장 자크 아노 감독의 영화에 등장하는 독약 묻힌 책을 다시 생각하게 됐다. 에코가 가상으로 지어낸 문제의 책은 아리스토텔레스의 『시학 2권』이다. 희극을 다룬 이 책에서 '웃음'을 다룬 부분에 독약이 묻어 있다. '예수님도 웃지 않았다'라는 근거로 웃음을 금지한 중세 엄숙주의는 문맹자인 일반인은 물론 글 읽는 사제들도 종교권력으로 억압했다. 사람들이 웃음을 즐기는 것, 그것이 곧 권력에 대한 풍자와 조롱으로 접속이라는 점을 알았기 때문에 영민한 수도원장이 웃음을 발견한 이를 죽여버린 것이다. 마침 그는 눈먼 자로 나온다. 권력에 눈먼 권력자는 웃음 자체를 못 견디기에 캐릭터 자체를 그렇게 표현했을 것이다. 이 사태를 풀어내는 윌리엄 수사 역은 숀 코네리이다. 〈007 시리즈〉의 젊은 제임스 본드 시절보다 품격과 지성미 넘치는 풍모를 보여 준 중후한 코네리의 잔영이 이 글을 쓰는 순간에도 멋지게 떠오른다.

다른 하나는 이 시대 웃음의 귀재 최효종의 발견이다. 이 사태를 맞아 인터넷으로 뒤늦게 찾아본 최효종은 우울한 시대의 유머 등대이다. '애정남'(애매한 것들을 정해 주는 남자)에서는 남성의 솔직한 내면을 밝혀줘 남성에겐 불리할지 몰라도 여성에겐 도움을 주는 공익 유머도 탄생시켰다. 그런 점에서 그는 물질 가치에 눈멀어 불행해진 풍토를 풍자하면서 코미디 공학의 본질을 온몸과 말로 증명하는 놀이하는 인간, 호모 루덴스의 결정판이다. 고소에도 주눅 들지 않고 그것조차 고소한 풍자감으로 삼는 최효종의 웃음놀이 기질과 웃음지킴이 서수민 피디에게 박수를 보낸다.
(2011. 11. 29)

제2의 인생, 호모 루덴스로 살기

<로큰롤 인생>

"우리 한국인들은 '나는 누구인가?'라는 질문을 제대로 던질 수 없게 되어 있다." 한국 남성으로 매우 솔직하게 남자되기를 고백한 전인권 선생님(가수 전인권이 아니다)이 『남자의 탄생』(2003) 서문에서 한 이야기다. 여자도 예외가 아니다. 근대화 과정에서도 개인보다는 전체, 국가와 가족의 일원으로 호출당한 우리에게 개인주의는 이기주의와 혼동되어 자신다움이란 존재의 근거는 억압당하고 있다. 그러면서 돈 벌어 성공해서 가족과 국가를 위해 살면 행복해진다는 경제적 인간, 즉 '호모 이코노미쿠스'로 살기라는 최면에 빠져 있다. 이런 추세는 한국 사회를 즐겁게 살아내기 힘든 억압적인 공간으로 만들고 있다. 이런 억압은 갈수록 심해서

요즘 청년들은 스펙 쌓기 피로와 미래에 대한 불안에 속박당하고 있다.

일하는 시간과 자살률에서 일등인 나라

경제협력개발기구(OECD)가 발표한 '2010년 통계 연보'에 따르면, 한국은 OECD 국가 중 두 가지 분야에서 일등이다. 가장 오래 일한다는 것, 가장 자살률이 높은 국가라는 점에서 그렇다. 특히 자살률은 OECD 평균 두 배라니, 오늘날 한국 사람은 매우 불행한 사회 속에서 살아가는 힘겨운 인생이란 생각도 든다. 특히 세계경제포럼이 발표한 '2009 글로벌 성 격차 보고서'에 따르면 한국은 중국, 일본보다 한참 뒤져서, 거의 바닥을 치는 115위를 기록하고 있다. 끊임없이 이어지는 유력남들의 성희롱 및 성추태 사태도 이와 무관하지 않다. '역사는 일등만 기억한다'는 경쟁 중독 기업의 광고 문구를 원용해 보면, 한국은 남성이건 여성이건 평생 살아내기 매우 힘든 불행한 나라로 2000년대 역사에 기억될지도 모른다는 두려운 생각이 들기도 한다.

이렇듯 억압적이고 무거운 출세강박 사회 속에서 자살률까지 증가하는 한국 사회 구성원인 우리에게 자신을 해방시키며 즐겁게 살기 프로젝트는 필수 덕목이다. 그것은 '호모 루덴스로 살아가기' 프로젝트이기도 하다. 인류 문화의 핵심을 놀이에서 발견한 네덜란드 인문학자 요한 하위징아는 『호모 루덴스: 놀이하는 인간』에서 우리 삶의 행복과 의미 또한 놀이로부터 비롯된다고 주장한다. 유교사상의 근간인 공자님도 "지지자불여호지자, 호지자불여락지자(知之者不如好之者, 好之者不如樂之者)"란 말을 남겼으니, 호모 루덴스적 인간 되기를 주창한 셈이다.

'호모 루덴스'는 '놀이/예술하는 인간'이다. 어린 시절 우리는 놀이에 빠져 살았건만 어른이 되면서 강요된 학습과 성공하기에 매몰돼 자신이 진정 좋아하는 것을 잊은 건 아닐까? 그러니 사는 게 재미있을 턱이 없다. 그러나 평균수명 연장으로 정년 후에도 한세대에 해당되는 30여 년을 살아가야 한다. 그런 의미에서 자신의 속내와 다시 만나 진정 자신이 좋아하는 행위를 하며 제2의 인생을 열어갈 필요성이 절박하다.

자신이 진정 즐거워하는 것을 무엇일까?

다큐멘터리 〈로큰롤 인생〉(스티븐 월커, 2007)을 보노라면 80대 노인들의 호모 루덴스로 제2의 인생길 가기가 마음을 울린다. 온몸이 종합병원인 80대 노인들이 록밴드로 변신하면

〈로큰롤 인생〉 포스터

서 노래하는 일상을 통해 그 즐거움을 사회와 나눈다. 교도소 위문공연도 가고 무대에도 서는 이들은 심지어 병원에서도 노래를 불러 의사를 웃기는 즐거운 존재로 변신한다. 예술의 힘이다. 비루한 삶에 시달리는 60대 여성의 '시 쓰기'가 핵심인 〈시〉(이창동, 2010)도 호모 루덴스로 사는 제2의 인생을 보여 준다. 실직한 중년 남성들이 밴드를 결성하는 〈즐거운 인생〉(이준익, 2007)이나 정년퇴임을 록 콘서트로 장식하는 〈브라보 마이 라이프〉(박영훈, 2007)와 같은 영화들에서도 왕년에 탐닉했던 음악놀이를 되찾은 즐거운 제2의 인생이 드러난다. 곧 개봉할 다큐영화 〈기적의 오케스트라-엘 시스테마〉(파울 슈마츠니·마리아 슈토트마이어, 2008)에선 베

네수엘라의 가난한 비행 청소년이 음악을 통해 거듭나는 인생 구원담을 보여 준다.

세상의 도덕, 세속적 가치는 삶을 변화시키는 데 역부족이다. 그보다는 자기 속으로 파고 들어가 놀이하는 즐거운 인간으로 살기를 시도해 보는 게 필요하다. 즐거운 삶은 자신이 진정 좋아하는 놀이를 일상과 접속시키는 데서 시작한다. 예술은 가수, 화가, 작가만 하는 것이 아니며, 돈벌이용만도 아니다. 그저 삶 자체이며, 삶의 방식으로 채택해야 하는 호모 루덴스 되기의 필수 덕목이다. 〈죽은 시인의 사회〉의 명대사처럼 인간은 열정에 가득 차 있다. 돈벌이 출세용 인간으론 그 누구도 자기 인생을 구하기 힘들다. (2010. 8. 3)

팁 얼마 전 '호모 루덴스 프로젝트' 특강에서 곧 정년을 앞둔 경찰서장님이 질문을 하셨다. '한때 기타를 치던 경험을 살려 록 콘서트로 퇴직기념식을 하고픈 생각이 번뜩 든다. 그런데 사람들이 주책이라고 할까봐 고민이 된다.' 라고. 당연히 나는 오히려 사람들이 록 콘서트를 좋아하고 즐길 것이라고 답했다. 바로 그런 것이 호모 루덴스로 이모작에 들어선 서장님의 제2의 인생 잔치일 것이라고 축원과 용기를 드렸다. 그를 주책으로 보는 분이 없기를 바란다.

2. 4차 산업혁명을 넘어 코스모폴리턴으로 살아가기

봉준호의 '기생충' 탐구 여정

<지리멸렬>

〈기생충〉으로 봉준호 감독이 2019 칸영화제 '황금종려상'을 수상했다. 한류의 세계화를 환호하는 온갖 미디어의 찬사가 밀물처럼 밀려드는 중이다. "봉준호는 마침내 하나의 장르가 되었다"(Indie Wire)라는 대목처럼 그의 전작들이 하나의 회로를 타고 오버랩 된다. 소수 지배층과 다수 피지배층 간의 위계질서가 저지르는 만행을 블랙 유머로 그려낸 그의 세상 관찰담은 '봉준호표 장르'로 본격적인 파장을 일으키게 된 것이다. 세계 항해에 들어선 봉준호 선박은 한국 사회의 부당한 현실을 풍자하며 공명을 일으킨 힘으로 큰 바다로의 탈주 여정에 들어선 것으로 보인다.

그의 일관된 부조리한 세상 탐구 여정의 출항은 〈지리멸렬〉부터 되새겨 보면 더욱 흥미롭다. 마침 필자가 진행 중인 '시나리오 실습' 수업에서 이 작품을 교재 삼아 영화와 현실 관계를 학생들과 함께 분석하며 나눈 공감대 경험이 생생하기 때문에 더욱 그렇다. 예전에 본 영화를 다시 보노라면 이전과 달리 특별한 요소들을 보다 새롭게 발견할 때가 있다. 그간 흘러온 세월 속에서 목격한 부조리한 사건들, 그에 따른 고뇌들이 영화 이미지에 더 강렬하게 투사되었기 때문일 것이다. 그것이 바로 다시 보면 더 잘 보이는 고전 걸작의 힘이자 매혹이기도 하다.

한국영화아카데미 졸업작으로 봉준호가 연출한 〈지리멸렬〉(1994)은 3개의 에피소드와 에필로그로 구성된 단편영화이다. 이후 그가 연출한 〈플란더스의 개〉 이후 〈살인의 추억〉과 〈괴물〉, 〈마더〉, 그리고 세계 항해에 들어선 〈설국열차〉와 개봉 예정작 〈기생충〉에 이르기까지 봉준호식 세상 탐구 여정은 〈지리멸렬〉에서 이미 명시된 것처럼 보인다. "영화에 나오는 기관, 인물 등 모두 주제적, 시사적 의미가 없다"는 자막 설명으로 열린 영화의 검은 화면에선 건강

〈기생충〉 포스터

체조 노래가 배경음악으로 흘러나온다. "…옆구리 돌리고… 하나, 둘, 셋, 넷…." 하는 그 음악은 낯익지만 반복하고 싶지 않은 국민 동원성 구호이기도 하다.

'에피소드 1: 바퀴벌레'에서는 전형적인 지식인으로 보이는 한 중년남의 출근길을 보여 준다. 젊은 여성의 뒷모습을 보며 그녀의 셔츠 어깨 부분을 내리고픈 그의 욕망을 판타지 이미지로 보여 주기도 한다. 이어 연구실에서 그는 여성나체 이미지들을 다양하게 전시하는 포르노 잡지 감상에 몰두하다 강의시간인 걸 깨닫고 급히 강의실로 이동한다. 그는 현대사회 심리론으로 아도르노의 권위주의적 성격 실험을 강의하다가 수강생들에게 나눠 줄 복사본을 챙겨 오지 못한 실수를 발견한다. 그는 과대표 김 양에게 복사본을 가져와 달라는 부탁을 한 뒤 또 다른 더 큰 실수를 기억해낸다. 책상 위에 그의 취미생활인 포르노 잡지를 펼쳐 두고 온 것이다. 그는 5분간 휴식하자며 급히 연구실로 뛰어간다. 엘리베이터를 탄 김 양보다 간발 차이로 먼저 도착한 그는 그녀가 보기 전 책상에 책을 던져 포르노 잡지 감추기에 성공한다. 그는 "바퀴벌레가 있어서…"라는 핑계로 자신의 과오를 감춘다.

'에피소드 2: 골목 밖으로'에선 조깅 중인 한 남자가 숨을 헐떡이다 잠시 커다란 집 앞에 멈춰서 인적을 살핀 후 그 집 계단에 앉아 거기 놓인 팩우유를 마신다. 마침 그 집에 신문을 배달하던 소년을 마주치자 그에게 또 다른 우유팩을 권한다. 고달픈 알바 소년에게 친절을 베푸는 배려라도 한 듯이 "어이 시원하다!" 하며 그는 다시 뛰어간다. 신문배달 소년이 우유를 마시는 바로 그 순간 집에서 나온 아줌마는 그를 매일 사라진 우유팩 도둑으로 몰아 손찌검까지 하며 호되게 꾸짖는다.

'에피소드 3: 고통의 밤'에선 술 접대를 받은 취객 남성의 혼란스러운 귀갓길 여정이 재현된다. 너무 늦은 데다 만취한

탓에 귀갓길이 지연된 그는 어느 아파트촌 잔디밭 구석에서 용변을 보려다 경비원에게 들켜 훈계를 듣는다. 경비원은 화장실이 없는 작업환경에서 비상책으로 그들만의 지하실 해결책을 알려주지만, 그는 자신의 신분에 맞지 않는 모욕에 분노하며 비열한 해결책을 실행한다.

<지리멸렬>부터 부조리한 세상 탐구 여정

'에필로그'에서는 범죄·사회문제를 다룬 긴급 TV 토론으로 3개 에피소드 주인공들을 한자리에 모아 재현해낸다. 바퀴벌레 핑계를 대던 교수는 사회심리학을 대변하는 지식인, 그리고 남의 집 우유를 훔쳐먹으며 엉뚱한 소년을 범죄자로 둔갑시킨 조깅남은 유력 일간지 논설위원, 이어 접대 관습에 젖어 자신의 용변도 비도덕적으로 처리하는 비열남은 법적 질서를 대변하는 부장검사이다. 사회 권력층의 위선적 괴물 행태가 폭로되면서 나오는 뻔한 교훈적 조언이 지루하게 이어지는 TV 스위치를 끄는 신문배달 청년, 그리고 양치질을 하다 거실에서 들려오는 낯익은 교수님 목소리가 반가워 열심히 TV를 보는 김 양, 밤거리에선 대형 화면으로 중계되는 TV 토론장면은 '지리멸렬'이란 제목의 의미를 증명해 준다. 1994년 봉준호가 영화로 풍자했던 지배계층의 헬조선풍 관습은 다른 형태로 반복되는 2019년 성범죄 관습의 현실적 카르텔을 암시한 것처럼 보인다. (2019. 5. 28)

팁 봉준호는〈지리멸렬〉'에피소드 2'에 등장하는 신문배달 청년의 형 역할로 '에필로그' 부분에 잠시 등장한다. 마치 히치콕이 카메오 출연으로 자신의 영화에 등장했듯이. 봉준호표 영화 세상에서 바퀴벌레를 포함한 '기생충'은 핵심 기호로 보인다.

똘레랑스 바람

<주피터스 문>

일 년 중 가장 더운 날을 뜻하는 절기 대서(大暑)인 7월 23일, 111년 만에(1907년 이래) 최고치 아침 더위를 전하는 기상 정보로 하루를 시작한다. 폭염 경보가 익숙해져버린 일상에, 정부가 폭염도 태풍이나 지진처럼 '자연재난'에 포함시킬 것이라고 한다. 그렇다면 재난영화가 다루는 환경 재난 메뉴에 폭염도 추가된 셈이다. 지구온난화 파장이 몰고 온 기후 변화를 범지구적으로 감당할 수밖에 없는 나날들이다. 그 와중에 이 사회에 불어 닥친 변화의 열풍도 강하게 다가온다.

난민으로 국경을 넘으며 초능력을 얻은 청년

12년간 투쟁해 온 KTX 해고 승무원의 복직 합의 소식이 뜨거운 태양 빛 아래 날아든다. 서울역에서 투쟁 해단식을 하며 흘리는 그들의 뜨거운 눈물은 일의 소중함을 전해 준다. 또 다른 열풍은 제주도에 불어 닥친 예멘을 탈출한 난민 논쟁이다. 난민들이 출구로 삼는 국가는 떠나온 곳보다 나은 삶의 조건을 갖춘 곳이다. '헬조선'이라고도 불리는 한국도 다른 관점에서 보면 도피처로 분류되어 서유럽권이 오랫동안 겪어 온 문제에 직면하게 된 셈이다. 마침 곧 개봉하는 〈주피터스 문(Jupiter's Moon)〉(코르넬 문드럭초, 2017)도 초능력을 가진 청년을 통해 범지구적 문제이기도 한 난민문제를 성찰하게 해준다.

아리안이 아버지와 함께 내전 중인 시리아를 떠나 헝가리 국경을 넘는 숨 막히는 장면에서 영화는 시작된다. 한 치 앞도 안 보이는 막막한 탈출 여정에서 아버지와 헤어진 아리안은 총을 맞는다. 생사를 넘나들다 살아난 아리안은 중력을 벗어나는 초능력을 갖게 된다. 아리안의 초능력을 우연히 발견한 의사 스턴은 돈벌이 파트너십을 제안한다. 스턴은 만취한 상태로 위급상황에 불려나가 아이를 수술하던 중 사망케 한 후 의사면허 취소란 난국에 처해 있다. 면허 취

〈주피터스 문〉 포스터

하소송을 뇌물로 피해 갈 생각에 빠진 스턴은 뒷돈을 받고 난민캠프 사람들을 탈출시키는 불법행위도 일삼는다. 아리안도 아버지를 찾고, 신분증 복원을 위해 돈이 필요하다. 한 팀이 된 두 사람은 성경을 문자 그대로 믿는 환자들을 찾아 나선다. 아리안의 공중부양을 천사의 재림으로 보는 환자들은 헌금하듯이 거금을 바친다.

사지를 유연하게 움직이며 날아오르는 아리안의 모습은 이 영화의 볼거리이기도 하다. 저기 멀리 비행기가 날아가는 부다페스트 노을 속을 아리안이 날아가는 풍경은 아름다우면서도 허망한 마음을 불러일으킨다. 살길을 찾아 나선 시리아 난민에게 헝가리는 과연 구원의 공간일까, 라는 상념과 함께. 영화 곳곳에서 드러나듯 돈독 오른 이들이 일상에서 벌이는 불법적 행태는 침략과 지배로 점철된 헝가리의 역사와 무관하지 않은 집단무의식의 흔적처럼 보이기도 한다. 강대국에 둘러싸인 헝가리가 몽골, 터키, 오스트리아의 침략과 지배를 받으며 겪었을 고난, 소련의 위성국이기도 했던 아픈 과거는 외세 침략과 지배로 얼룩진 우리 역사에 공명의 파장을 불러일으킨다.

홍세화는 해외여행 자유화가 불가능했던 1979년, 유럽 출장길에서 중앙정보부 기획 '남민전 사건'에 걸려든다. 20년에 걸쳐 프랑스 망명 생활을 보낸 후 써낸 자전 에세이 『나는 빠리의 택시운전사』를 통해 잘 알려진 '똘레랑스'(tolérance, 관용)가 떠오른다. 차이를 인정하는 관용의 바람이 한국에 불지 말라는 법은 없다. 오랜 분쟁지역인 시리아에 이어, 우리처럼 분단을 겪은 예멘에서 탈출해 온 난민 문제는 우리에게 세계시민으로서의 관용을 보여 줄 기회로 다가온 셈이다.

난민과 망명객으로 혜택을 받았던 역사

돌이켜보면 우리도 난민과 망명으로 세계시민 사회의 관용적 혜택을 받았다. 일제강점기 독립을 위해 만주벌판과 상하이 등지를 떠돌았던 독립운동가들은 〈암살〉(최동훈, 2015)

의 바탕이 된 실존 인물들이다. 〈지슬〉(오멸, 2012)에서 보듯이, 해방 직후 미 군정기에 발생한 제주 4 · 3사건 대학살로부터 도피해 일본으로 건너간 제주 난민들은 오사카에 이쿠노 코리아타운을 형성하며 재일동포가 되었다. 한국전쟁을 겪으며 발생한 (피)난민은 미국과 일본, 그보다 더 머나먼 제3국으로 떠나 해외동포가 되었다. 김대중 전 대통령도 10월 유신을 피해 두 차례 미국으로 망명해 도움을 받지 않았던가.

때론 미디어에서 난민과 망명객을 혼용하기도 하지만, (국제협약에 따르면) 난민은 비정치적 존재로 관용의 대상에 해당한다. 이를테면, TV 영화 〈히틀러〉에서 "(히틀러 당신은) 난민지위를 인정받지 못합니다. 총통 각하"라는 대사로 그 차이를 보여 준다. 이 영화에 나오는 또 다른 대사, "악이 세상을 지배하기 위해 필요한 유일한 조건은 선한 자들의 나약함과 수수방관"이란 말이 유독 다가오는 나날이다. (2018. 7. 24)

자연의 메신저 반 고흐

<러빙 빈센트>

꿈틀대며 타오르는 붓의 흔적, 그 흐름을 타고 피어오르는 별, 꽃, 나무, 밀밭, 까마귀, 사람들 이미지는 시선을 끌어들인다. 강렬하게 다가오는 빈센트 반 고흐의 그림은 휴대폰, 방석 , 컵 받침, 가방, 스웨터 등등… 온갖 일상용품에 복제되어 활용되고 있다.

미치도록 그리다 37세에 떠난 화가

미치도록 그림을 그리며 정신병까지 앓다 37세에 세상을 떠난 그의 삶은 영화, 음악, 뮤지컬 등 예술 텍스트들로 재생산되고, 일상에 영감을 준다. 조용필의 노래에서도 그 파장이 느껴진다. 지구 한구석에서 외로운 삶에 지친 한 사람, '킬리만자로의 표범'처럼 살고픈 그는 "나보다 더 불행하게 살다 간 고흐란 사나이도 있었는데"라며 위로받는 심정을 토로한다. 로드 다큐 〈바람의 춤꾼〉(최상진, 2017)에서도 아픔을 춤으로 풀어내는 이삼헌의 방에 놓인 '별이 빛나는 밤에' 그림 액자가 시선을 사로잡는다. 그 그림이 춤꾼의 자유로운 예술혼에 숨결을 불어넣어 주는 것처럼 보인다.

그 강렬한 숨결이 이 가을 〈러빙 빈센트〉(도로타 코비엘라 등, 2017)로 우리에게 다가온다. 6만여 점에 달하는 유화 애니메이션은 고흐 화폭을 영화세상 풍경으로 바꾸어낸다. 에피소드 연작 〈꿈〉(구로사와 아키라, 1990)의 '제5편 까마귀'에서도 화폭이 프레임으로 부활한다. 고흐 그림을 가만히 지켜보던 구로사와는 '아를의 도개교' 속으로 빠져든다. 몽환적 풍경 속에서 고흐는 자른 귀를 감싼 붕대를 두른 채 노랗게 펼쳐진 밀밭과 거기서 파란 하늘로 날아오르는 까마귀 떼를 그리고 있다. 꿈 한 조각에 머물던 이미지가 (제목처럼) '빈센트를 사랑하는' 107명 예술가의 작업을 통해 장대한 이미지 세상으로 피어난다.

고흐는 후원자이자 버팀목이었던 동생 테오에게 늘 편지를 쓴다. 고흐가 세상을 떠난 1년 후, 우편배달부는 아들 아르망에게 마지막 편지를 테오에게 전해 주라고 부탁한다.

그러나 수신자인 테오도 세상을 떠나, 또 다른 수신자 추적에 나선 아르망은 풍문에 휩싸여 가려진 고흐 삶의 진실을 밝혀내는 여정에 돌입하게 된다. 주치의 가셰 박사와 의혹에 쌓인 관계, 그의 딸 마르그리트와의 비밀스런 관계들이 미로처럼 펼쳐진다. 살아 움직이는 그림들이 배경이자, 소품이고, 캐릭터가 되는 경이로운 이미지 세상이다.

아르망을 따라가노라면, 고흐는 어떤 이에겐 괴팍한 인물이지만, 또 다른 이에겐 친절하고 다정하며, 순박한 예술 노동자이다. 여관주인 딸 아를린에 따르면, 그는 아침 일찍 들판에 나가 온종일 그림 그리고 돌아와 테오에게 편지쓰기가 일상이며 아이들을 사랑했다. 나룻배 사공에 따르면, 그는 강을 좋아해 홀로 고즈넉하게 강을 바라보며 그림 그리기를 즐겼다. 까마귀가 그의 점심을 먹는 것을 귀엽다고 구경하며 감탄하던 풍경을 들려주기도 한다.

'상처받은 가슴에 예술의 위로를'

〈반 고흐: 위대한 유산〉(핌 반 호브, 2013)에선, 죽은 후 엄청나게 유명해진 삼촌의 유산을 받은 조카 빌렘 반 고흐(테오의 아들)의 곤경에 처한 모습이 눈길을 끈다. 그 격랑을 타고 세계시민에게 공개돼 인기를 누리는 '반 고흐 미술관' 건립

〈러빙 빈센트〉 포스터

동기가 영화에서 밝혀지는 흥미로운 대목도 있다. 십여 년 전 예술 표현의 자유를 위한 심포지엄 참석차 암스테르담에 갔을 때, 반 고흐 미술관에서 홀로 한나절을 지냈던 기억이 떠오른다. 고뇌에 찬 표정이 진하게 각인된 초상화들, 강렬하게 피어오르던 꽃잎들 하나하나에 전율을 느껴 그때 사왔던 화집을 꺼내 본다. 화집 제목은 『반 고흐의 꽃들: 자연의 위대한 책』이다. 남루한 삶, 자연의 아름다움과 위대함, 그 사랑과 경탄을 화폭에 담아낸 고흐는 자연을 전해 주는 메신저란 생각이 든다. 친구가 선물해 준 책가방에는 고흐의 노란 해바라기들이 가득 피어나는 그림이 담겨 있다. 그 책가방을 걸치고 낙엽을 밟으며 가을길을 걸어가며 파란 하늘과 떠가는 구름을 보노라니 그가 전해 주는 자연이 일상의 격려이자 위로란 깨우침이 일어난다.

돈 맥클린이 고흐의 '별이 빛나는 밤에'를 보며 만든 노랫말 중 "이제 이해해요, 당신이 내게 무슨 말을 하려 했는지"란 대목이 유독 맘 속 깊이 전해 온다. "상처받은 가슴에 예술의 위로를"이라며, 세상이 몰라줘도 자연과 예술로 접속하며 스스로를 격려했던 고흐의 마음이 와 닿는 가을 하루하루에 감사한다. "우리가 그 무엇도 시도할 용기가 없다면 인생은 무슨 의미가 있겠는가?"라는 그의 말도 억압의 경계를 넘고픈 모든 이들을 자극하는 따스한 격려로 다가온다. (2017. 11. 7)

탈주의 여정

<델마와 루이스>와 길 위의 영화들

"먼 길 오시느라 고생하셨습니다." 2시간 강의를 하려고 왕복 10시간 이상을 거리에서 보내는 날이면 마중 나온 분들이 내게 건네주는 다정한 인사말이다. "나라도 크지 않은데··· 그리 먼 길도 아니고 즐겁게 온 걸요." 이렇게 답하면, "듣고 보니 그렇긴 하네요."라며 상대방도 공명의 파장을 전해 준다. 1980년대 말 이후, 북한을 제외한 세계여행 자유화가 가능해지면서, 분단된 한반도를 벗어나 광활한 대륙 중국을 비롯해 이웃 마을 가듯 국경을 넘나드는 유럽 대륙 여행도 가능한 시대를 공유하기 때문일 것이다.

사람들이 꿈꾸는 '길 위의 여정'

지난 6월, 의성도서관과 하동도서관을 다녀온 날들도 '길 위의 날'들이었다. 국가 경제력에 비해 떨어지는 삶의 질을 높이는 평생교육을 내건 '길 위의 인문학' 프로그램, 그 파장을 타고 평생 처음으로 가보는 산속 마을 도서관, 정겹게 맞아 주시는 지역 분들과 영화로 나누는 인문학 공부길이 이젠 내겐 '길 위의 여정' 즐기기로 변모하는 중이다.

오가는 여정, 기차나 고속버스 안에서 멍 때리며 바깥 풍경 감상하기, 강의 내용 떠올리며 어떻게 재미있게 꾸려갈까 궁리해 보기, 그러다 지치면 눈감고 휴식의 즐거움에 젖어들기, 그러노라면 절로 그려지는 '로드 무비' 영화들, 곧 '길 위의 인문학'이 '길 위의 영화' 코드로 연결된다.

이런 순간이면 〈델마와 루이스(Thelma & Louise)〉(리들리 스콧, 1991)의 몇몇 이미지들이 번쩍 떠오른다. 오랜만에 같이 여행을 떠나는 델마(지나 데이비스)와 루이스(수잔 서랜든), 이 두 여성이 오픈카를 타고 머플러 날리며 기념사진을 찍는 장면은 쾌활함 자체로 빛난다. 반복적 일상으로부터의 탈주, 자유롭게 살아보기, 거기서 느끼는 해방감…, 그래서 사람들이 휴가 여행길을 꿈꾼다. '로드 무비'란 장르가 인기 있는 이유도 그 점을 활용했기 때문일 것이다.

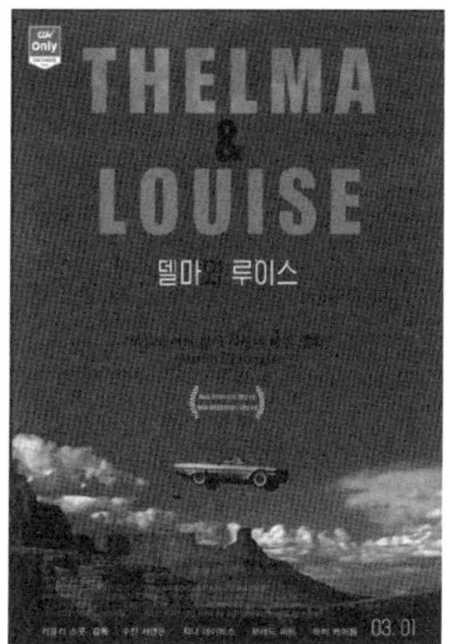

〈델마와 루이스〉 포스터

주로 남성 짝패나 '두 남성과 한 여성'이라는 삼인조 관습을 깨고 등장한 〈델마와 루이스〉는 희귀한 여성 로드 무비의 상징적 작품이기도 하다. 남편 허락을 받기 힘들어 여행을 떠나고파도 못 떠난다는 델마에게 루이스는 "네가 어린애냐?"라며 일갈을 날린다. 거기에 자극받은 델마는 남편 허락 없이 여행길을 떠난다. 당당하고 능동적인 루이스와 늘 강자에게 기대고 살아온 델마의 동행에 성추행 사건이 끼어들면서 계획된 여정은 급변한다. 여독을 풀러 잠시 들른 술집 주차장에서 한 남자가 델마에게 벌인 성폭행 사건이 총격사건으로 터져버렸기 때문이다. 이후 탈주행으로 뒤바뀐 이 여정에서 델마는 이렇게 고백한다. "난 너와 이렇게 같이 할 때 기분이 최고야. 이제 내 길을 가는 거야"라고. 이 대목은 길 위의 변화에 주목하는 로드 무비의 클라이맥스를 보여 준다. 로드 무비의 매혹은 길 위에서 벌어지는 인물의 변화과정인데, 그것은 '영웅 되기' 과정인 신화적 여정으로부터 내려온 고고학적 의식이기도 하다.

여름철 화제를 모으는 '길 위의 영화'들

최근 화제를 모으며 여름 맞이처럼 연이어 개봉되는 다큐멘터리들은 주로 '로드 다큐'로 공명의 파장을 불러일으키고 있다. 고양이가 귀신의 형태로 둔갑하는 공포영화사를 가진 한국에선 길냥이가 죽어 나간다. 그러나 〈나는 고양이로소이다〉(조은성, 2017)는 고양이와 인간의 평화공존을 위해 한국-대만-일본을 오가는 로드 다큐로 대안적 삶을 보여 준다.

대한민국 서울, 천만 인구가 사는 대도시에는 다양한 생명체들이 공존하고 있다. 그중 20만 이상으로 추정되는 '길냥이'들은 인간을 피해 숨어 지낸다. 그러나 같은 동아시아 지역인 대만의 '허우통'은 연간 50만여 명의 여행객이 찾는 길냥이 마을로 유명하다. 길냥이 사진 찍기에 매혹된 한 여성 작가의 기지로, 폐광촌으로 몰락해 가는 마을에 이런 대안적 변신이 이루어진 것이다. 다른 한쪽엔, 세계 6대 고양이 마을로 꼽히는 일본의 '아이노시마'도 있다. 거주민보다 많은 숫자의 고양이가 사는 이 작은 섬에도 평화로운 일상을 즐기는 고양이를 보러 오는 여행객의 발길이 이어진다.

세계 최초의 금속활자는 구텐베르크보다 먼저 나온 '직지'라는 심증을 갖고 유럽 5개국 7개 도시를 누비는 추적 여정의 〈직지코드〉(우광훈 · 데이빗 레드먼, 2017)도 세계의 길로 나가는 로드 다큐이다. 아픈 역사의 파고를 진혼무로 풀어내며 시베리아 대륙을 횡단하는 〈바람의 춤꾼〉(최상진, 2017)도 로드 댄스 다큐이다. 이렇듯 길 위의 여정은 뜨거운 태양 빛조차 즐겨야 하는 여름살이 여정이기도 하다. (2017. 7. 4)

유머와 연대감

<마션>

인간 세상이 아프게 다가올수록 가을 하늘은 큰 위로가 된다. 청아하게 푸른 하늘, 거기 드리워진 변화무쌍한 구름 예술을 보노라면 자연의 묘미를 맛보게 된다. 특히 가을 노을이 보여 주는 오묘한 색의 하모니는 미학의 진수를 가르쳐 준다. 작은 별에 살던 어린 왕자가 아주 슬플 때, 의자 위치를 바꿔가며 44번 노을을 보는 이유도 공감하게 된다. 지구 한구석에서 나 역시 슬플 때 노을을 보며 우주 자연의 아름다움에서 위안을 얻는다. "예술은 절망에 굴복하지 않고 존재의 공허함에 해독제를 찾는 것"이라는 거트루드 스타인의 명언도 떠오른다.

〈마션〉 포스터

3월과 화요일, 화성은 지구 일상에 친근한 별

그래서 거장 리들리 스콧의 〈마션(The Martian)〉(2015)이 순식간에 백만 관객을 돌파할 정도로 한국에서도 호응을 얻고 있는 것이리라. '마션'은 화성인이란 뜻이다. 태양계 네 번째 행성인 화성은 '제2의 지구' 대접을 받으며, 수많은 소설, 만화, 영화에 주무대로 등장해 왔다. '화요일'이란 명칭 또한 붉은 화성으로부터 유래했고, 태양 빛 따뜻한 3월을 영어로 마치(March)라고 하는 근거도 화성으로부터 온 것이다. 이렇게 화성은 지구 일상에 친근한 별이다. 일상화된 스마트폰도 아폴로계획으로 개발된 컴퓨터로부터 태어났다고 하니, 우주 과학도 갈수록 지구적 일상의 도구가 되어 지구인과 함께 돌아간다.

영화의 시간적 배경은 20년 후 가까운 미래로 이동한다. 아레스3 탐사대는 화성탐사 중 거대한 모래 폭풍을 만나 위기에 처한다. 실종된 마크(맷 데이먼)가 사망했다고 판단한 탐사대는 지구 귀환 여정에 들어선다. 그러나 극적으로 살아난 마크는 화성인 되기에 도전한다.

그는 과학지식을 총동원해 산소와 물도 만든다. 감자가 싹을 키워내자, 그는 자신이 화성 최초 식물학자라며 뽐내기도 하면서 컴퓨터 영상일지를 쓴다. 포기 대신 도전정신으로 살아내는 마크도 외로울 때면 노을을 바라본다. 그는 적막감을 이겨내려 음악을 듣는다. 그런데 대장이 남기고 간 음악은 온통 70년대 디스코로 그와는 취향과 세대 문화 차이가 나는 것들뿐이다. 그래도 그는 세대와 취향을 넘어 지구촌 음악을 듣는다. 그래서인지 "이 디스코 음악만 듣다간 여기서 죽을 거 같아."라는 그의 불평도 관객을 웃게 만든다. 그러던 그가 우연의 도움까지 작동해 기적적으로 대원들과 접속하여 영상 소통을 할 때도 유머효과가 발휘된다. 진지한 감격을 표현할 순간에 "놀랐지"로 시작된 그의 유머는 (그를 두고 떠난) 대원들의 자책감 넘치는 고통을 오히려 치유하는 서사흐름의 상승효과를 거둔다.

특히 목숨을 걸고 마크를 구하기 위해 우주 랑데부를 실행하는 루이스 대장의 비장한 모습에서는 〈에이리언〉, 〈델마와 루이스〉, 〈지 아이 제인〉등에서 씩씩한 여성상을 지속적으로 그려온 스콧 감독의 뛰어난 젠더 감각이 발휘된다. 어떤 난관에서도 유머로 스스로를 격려하는 마크의 생존술은 호모 루덴스 기질의 위대함을 깨우쳐 주기도 한다.

푸르른 날 화성여행 꿈이 단풍처럼 타올라

이런 기질은 현실에서도 이미 발휘되고 있다. 문 걸어 잠그고 살던 이 땅에 첫발을 디딘 하멜의 나라, 네덜란드 출신 바스 란스도르프는 2011년 비영리 우주벤처업체 '마르스 원(Mars One)'을 창업했다. 2033년 화성에 인간정착을 목표로 내건 이 프로젝트에 20만 2,586명이 지원했다고 한다. 화성 생활을 지구로 중계하는 리얼리티 쇼도 계획 중이라고 한다.

마침 송창식의 노래 〈푸르른 날〉이 라디오에서 흘러나온다. "눈이 부시게 푸르른 날은/ 그리운 사람을 그리워하자./ 저기 저기 저, 가을 꽃 자리/ 초록이 지쳐 단풍 드는데…." 노래를 따라 부르노라니 나도 화성에 가고프다는 우주여행의 꿈이 단풍처럼 불타오른다. 그런 마음으로 노을을 보니 대우주가 소우주인 내 몸에 접속하는 찰나의 순간이 저릿하게 다가온다. 슬픔도 그리움도 떠나는 여행의 꿈으로 치유하는 노을과 노래, 그것을 영화 보기로 맛볼 수 있는 감사한 가을날이다. (2015. 10. 13)

희망의 홀씨들

<제네시스>, <나무를 심은 사람>

봄바람이 차갑다. 웅웅대며 귓가를 맴도는 바람이 꽃샘추위 바람만은 아니다. 봄이 10년마다 2.6일씩 앞당겨 온다는 기상청의 발표 속에는 산업화가 작동한 지구 생태계의 아픈 그늘이 드리워져 있다.

숨쉬기 불편한 황사 도시 한구석에서 만난 〈제네시스: 세상의 소금〉(2014)은 희망의 숨쉬기를 모색하는 다큐멘터리다. 브라질의 금광 세라 펠라다를 찍은 사진 이미지로부터 강렬한 감동을 받은 빔 벤더스 감독은 사진작가인 세바스치앙 살가두의 인생 역정을 따라잡는다. 거대한 구덩이 세라 펠라다에는 금을 찾을 욕망에 모여든 5만여 인간들이 사다리를 탄다. 목숨을 내건 위험도 감수하면서 부자가 되고픈 욕망에 끌려 노예처럼 자신의 몸을 부리는 이들의 이미지는 인류의 욕망 구조를 들여다보게 해준다.

죽어버린 땅에 나무를, 메마른 땅에 도토리를

1960년대 브라질 군사독재에 저항하다 도망치듯 프랑스로 이주해 경제학을 공부한 살가두는 국제커피협회에서 일하며 아프리카 출장을 가게 된다. 그러나 그는 경제개발 연구보다 아프리카 이미지에 매혹된다. 급격한 경제·사회적 변화 속에서 쫓겨난 인간들이 겪는 처참한 모습에 대한 끌림이다. 카메라를 든 그는 '노동자들', '이민자들' 프로젝트로 수많은 사진상을 수상했지만, 인류는 생존할 필요도 없는 종족이란 절망감에 빠져 버린다. 극도의 절망감 속에서 그를 살려낸 것은 지구 생태계의 발견이다. 그가 8년간 카메라를 들고 노마드로 떠돌며 찍어낸 이미지들, 그것은 인간이 산업화로 망쳐놓지 않은 오지, 아마존 열대우림, 북극 등지에서 잡아낸 원초적인 자연 이미지이다.

이 땅에서처럼 군사독재 아픔을 겪어낸 그의 전복적 진화에는 노스탤지어 가치도 작동한다. 브라질의 군사 독재정권이 해체된 후 고향으로 돌아오니 악어들과 같이 수영하며 놀던 곳, 자급자족으로 살던 낙원 같은 곳은 사라졌다. 그간

〈제네시스〉 포스터

수십 년에 걸쳐 잘려져 나간 나무들, 그 결과물이 사라진 죽어버린 땅에서 그는 유년의 기억을 되살려 나무를 심는다. 처음에는 그가 뿌린 많은 씨앗들이 죽어갔지만 세월이 흐르며 기적적 변화가 발생한다. 죽어가던 나무에서도 싹이 트면서 10여 년 후 200여만 그루로 조성된 숲이 국립공원으로 지정되는 변화가 일어난 것이다.

이런 기적은 매혹적인 애니메이션 〈나무를 심은 사람〉(프레데릭 백, 1987)을 떠올리게 한다. 황량한 삶에 지친 장 지오노는 프랑스 남부 프로방스 산악지대로 여행을 떠난다. 사흘을 걸어도 황폐한 벌판, 버려진 벌통처럼 폐허가 된 집들의 잔해를 보며 헤매던 그는 양치기 엘제아르 부피에를

〈나무를 심은 사람〉 포스터

만난다. 개와 함께 양을 치며 사는 노인의 일상을 보여 주는 것이 작품의 핵심이다. 간소한 살림 도구를 갖춘 작은 집에 사는 그는 도토리를 한 알씩 수차례 점검해 알찬 100개 알갱이를 모아놓은 후 잠든다. 다음날 그는 한참 산등성이로 걸어 올라가 메마른 땅에 쇠막대기로 구멍을 내고 도토리를 넣은 후 구멍을 덮는다. "여기가 당신 땅이냐?"고 묻자, 그는 "아니오"라고 답한다. 메말라 보여도 깊은 곳에 습기만 있다면 나무가 살아날 것이라는 확신 속에 도토리를 매일 심는 게 그의 일상적 습관이다.

노인을 만난 후 도시로 돌아온 장 지오노는 다달이 받는 적은 월급을 걱정하며 살다가 다시 프로방스 산악지대를 찾는다. 그런데 놀라운 기적을 목격한다. 양치기 엘제아르 부피에가 심은 나무가 이룬 숲, 거기엔 샘물이 흐르고 꽃이 핀다. 정부 시찰단은 이곳을 천연의 숲으로 치부해 버린다. 그러나 그 뒤에 홀로 매일 도토리를 심던 부피에를 기리며 장 지오노는 글을 남겼다. 그에 감흥을 얻은 프레데릭 백은 실명을 무릅쓰며 이 작품을 각색한 애니메이션을 만들어냈다. 이제 이 작품은 지구 생태계를 복원하는 열정을 나누는 예술의 힘으로 디지털 파장을 타고 퍼져나가는 중이다. (2015. 3. 3)

우주 속 터럭, 생명공동체

<인터스텔라>

십 년째 연말연시 연휴를 태평양 건너 미국 서부에서 보내게 되었다. 그 지역에서 인생 말년을 보내시는 어머니와 함께하기 위해서이다. 그 참에 지난 해 마지막 날, 그리피스 천문대에 올라가 천체 스펙터클을 보며 우주적 감성에 접속하는 경이로움을 맛보게 되었다.

빅뱅 이후 우주 속 먼지처럼 탄생한 지구를 따라잡는 이미지들, 그 밑에 장식된 해, 달, 별들을 모티브 삼아 만든 온갖 장신구들을 찬찬히 들여다본다. 태곳적부터 천체를 바라보며 운명을 점치며 별자리 신화를 만들어낸 인류가 이젠 우주선을 만들고, SF 영화들을 생산해내는 현실이 저릿하게 다가온다. 지구라는 행성을 우주의 먼지라고 표현한 구절을

〈인터스텔라〉 포스터

마주하며, 나 역시 우주의 먼지에 불과하다는 깨우침이 불현 듯 온몸과 맘을 스치고 지나간다.

사라져 가는 빛 속에서 〈인터스텔라〉를 보다

UN이 2015년을 '세계 빛의 해'로 정하고, 여러 나라와 에너지, 교육, 의료 등 인류 복지와 관련된 해결책을 논의한다는 소식도 우주적 감성을 자극한다. 특히 〈인터스텔라〉(크리스토퍼 놀란, 2014)에서 멸망할 지구를 떠나 생존지를 탐험하러 가는 주인공 쿠퍼가 읊었던 딜런 토마스의 시도 떠오른다. "순순히 어두운 밤을 받아들이지 마요./ 노인들이여, 저무는 하루에 소리치고 저항해요./ 분노하고 분노해요, 사라져 가는 빛에 대해."

사라져 가는 빛을 찾아, 어둠 속에서 빛을 보내는 별들 사이로 인류가 살아갈 곳을 찾아가는 이 영화는 한국에서 큰 호응을 얻었다. 놀란 감독이 북미 지역보다 한국과 중국 등 동아시아에서 더 큰 호응을 얻는데 놀라 감사 인사를 전했을 정도다. 왜 그럴까? 쉽게 이해하기 힘든 블랙홀과 웜홀, 상대성 이론 등이 등장하는 인류 구원담으로서 SF 블록버스터에 열광하는 것, 그것은 현실의 답답함, 억울함을 벗어나고픈 억압의 표출이었던 것은 아닐까?

궁금했던 그런 이유가 천문대 산책을 하노라니 다른 궁금증으로 이어진다. 둥근 천정이 스크린이 된 극장에 반 정도 누운 자세로 별자리 신화로부터 현재진행중인 우주 과학 이미지를 바라보면서 우주에 접속해 본다. 바로 그 순간, 느닷없이 윤동주의 「서시」가 환청처럼 들려온다. "죽는 날까지 하늘을 우러러 한 점 부끄럼이 없기를/ 잎새에 이는 바람에도/ 나는 괴로워했다./ 별을 노래하는 마음으로/ 모든 죽어가는 것을 사랑해야지/ 그리고 나한테 주어진 길을 걸어가야겠다." 간단하고 매혹적이어서 절로 외워지는 시여서일까 별들을 바라보노라면 이 시가 들려오곤 한다.

교토에 갔을 때, 윤동주가 다녔던 도시샤대학에서 그의

친필이 새겨진 시비를 보면서도 궁금했다. 독립운동으로 옥사한 그가 아프디 아픈 삶 속에서 별을 노래하는 우주적 감성을 어떻게 가질 수 있었을까? 모든 죽어가는 것을 사랑하는 블랙홀 같은 사랑은 어떤 것일까? 그런 궁금증은 〈인터스텔라〉의 쿠퍼가 블랙홀에 빠져드는 이미지에 오버랩 된다. 하늘과 강물에 흐르는 별빛을 잡아낸 고흐의 '별이 빛나는 밤에' 이미지도 겹쳐진다. 그 그림에 매혹돼 돈 맥클린이 부른 팝송 〈빈센트〉도 마음속에서 울려온다.

나락 한 알에도 우주가 담겨 있다

2004년 미 항공우주국(NASA)이 반 고흐의 별밤 그림과 놀랄 만큼 비슷하다며 공개한 천체 사진도 떠오른다. 허블망원경의 고성능 카메라가 찍은 별들의 사진에는 소용돌이치는 우주먼지도 보인다. 그 광활한 구석에서 지구가 '창백한 푸른 점'으로 드러난다. 이 점을 보고 칼 세이건은 모든 것을 사랑하는 지구적 삶을 노래한다.

> "여기가 우리의 고향이다. 이곳이 우리다. … 우리의 모든 즐거움과 고통들, 확신에 찬 수많은 종교, 이데올로기들, 경제 독트린들, 모든 사냥꾼과 약탈자, 모든 영웅과 비겁자, 문

명의 창조자와 파괴자, 왕과 농부, 사랑에 빠진 젊은 연인들, 모든 아버지와 어머니들, 희망에 찬 아이들, 발명가와 탐험가, 모든 도덕 교사들, 모든 타락한 정치인들, 모든 슈퍼스타, 모든 최고 지도자들, 인간 역사 속의 모든 성인과 죄인들이 여기 태양 빛 속에 부유하는 먼지의 티끌 위에서 살았던 것이다."

이런 우주적 감성 여파인지 장일순 선생님의 이야기 모음집 『나락 한 알 속의 우주』를 다시 집어 든다. 십여 년 전 읽으며 그저 넘겼던 대목들이 천체를 강렬하게 접하는 경험을 하고 나니 새삼스레 다가온다. 터럭 하나 속에도 생명의 진수가 담겨 있다는 대목이 더욱 그렇다. 오늘도 먹을 곡식 한 알에도 우주가 담겨 있다는 깨우침, 그 힘으로 아픈 세상 풍파 속 작은 터럭 같은 소우주인 내 몸으로 우주를 호흡하는 한 해를 기원한다. (2015. 1. 13)

어떻게 살아갈까?

<제인 구달>, <철의 꿈>

다큐멘터리가 어느 때보다 흥미진진하게 다가온다. 영화 세상의 한 축을 이루는 다큐멘터리는 표현의 자유를 먹고 사는 예술의 힘으로 우리에게 또 다른 세상을 보여 주는 창이기도 하다. 다큐멘터리(documentary)란 말의 뿌리인 라틴어 도큐멘툼(documentum)은 교훈, 증명, 서류증서 등을 뜻한다. 그래서 다큐멘터리를 문건처럼 '사실 재현' 영화로 제한해야 한다는 견해도 한때 존재했다. 그러나 오늘날 다큐 세상은 디지털 영상의 파장을 타고 기발한 영감을 자극하는 다채로운 작품들로 진화하는 중이다.

최근 본 다큐멘터리들은 '희망과 절망을 오가며 어떻게 살 것인가?'라는 문제를 탐구하게 만든다. 단출하게 하나로 묶은 백발에 침팬지를 안고 미소 짓는 제인 구달은 본받고 싶은 열정을 불러일으킨다. 전기 다큐 〈제인 구달〉(로렌츠 크나우어, 2010)을 보고 난 감흥을 글로 푸는 이 순간, 한반도를 방문한 제인 구달은 충남 서천 국립생태원에 자신의 이름을 기념하는 '제인 구달 길'을 걷고 있으리라. 숲길을 걷다가 설치된 국방색 텐트를 보며, 탄자니아 야생생활을 회고하는 그녀의 모습은 동식물과 공존하는 생명 사랑의 경험적 증명이기도 하다.

어떻게 지구를 파괴할 수 있나요

〈제인 구달〉에서 만난 그녀의 삶의 역정은 산업화 도시생활에 물든 내게 또 다른 인생길을 보여 준다. 23세에 아프리카 밀림으로 들어가 침팬지 무리 옆에 가만히 앉아 있는 그녀의 모습은 매우 인상적이다. 소설가 어머니만이 지지해 주던 그녀의 꿈, 침팬지와 함께 가는 인생길은 새로운 생태길을 여는 창작행위처럼 보이기도 한다. 가난한 소녀의 남다른 꿈과 막막함이 이제는 아이들에게 '희망의 씨앗'을 뿌리는 생명 평화운동으로 퍼져나가고 있다. 그녀는 억압적인 북한과 황폐한 미국의 인디언 지역도 찾아가 자연과 함께하는 환경 친화적 인생길을 전해 준다. 특히 팔순의 나이에도 꼿꼿하게 허리를 세우며 밀림 속을 걷는 그녀의 모습 자체가 희망의 기호처럼 작동한다.

연간 300여 일 이상 지구촌을 떠다니던 그녀가 귀가해 홀로 위스키를 즐기며 여독을 푸는 모습은 노마드적 삶의 매혹으로 다가오기도 한다. 두 번째 남편의 죽음 후, 깊은 슬픔을 아프리카 밀림 속에서 홀로 치유하는 그녀의 모습은 인간 역시 자연의 하나임을 일깨워준다. "세계가 안전해졌을 때 은퇴할 수 있다"는 소신으로 지구촌을 떠도는 인생길을 가는 그녀에게 '환경운동의 록스타'란 별칭을 붙여진 이유도 이해하게 된다.

뭇 생명체와 어떻게 함께 살아갈 것인가, 라는 문제는 〈철의 꿈〉(박경근, 2014)에서도 비장하게 전해 온다. 오래전 고래를 신적 존재로 기리며 지내던 제의 이미지를 바탕으로 한 남자의 내면 고백이 편지체로 들려온다. 무녀의 길을 찾아 떠난 옛 연인에게 보내는 편지 내레이션은 우리의 산업사를 거슬러 올라가는 기억의 여정으로 접속된다.

'고래의 꿈'과 '철의 꿈', 두 갈래 길에서

바람에 나부끼는 천막 사이로 내비치는 파란 하늘, 은은하게 울리는 종소리와 독경소리, 그리고 고래 소리도 잡아내는 사운드트랙은 깊은 청각적 감흥을 준다. 한반도에서 가장 오래 된 고래를 그린 암각화는 댐 건설로 수몰되고, 거대한 조선소가 건설된다. 무모한 도전으로 보이던 중공업단지 조성에 등장하는 과거의 낯익은 얼굴들, 산업역군과 정치권력의 만남, 그리고 온갖 무장을 하고 일하는 노동자들의 투쟁과 일상도 접하게 된다.

반세기에 걸친 산업사에서 '고래의 꿈'을 '철의 꿈'으로 바꾸며 자본 중심 성공가도를 추구하는 변화 과정은 비애감을 동반하기도 한다. 고래와 겹쳐지는 거대한 배는 자연 생명체와 기계적 철의 물체를 대비시키고 오버랩 시키며 자문하게 만든다. '우리는, 그리고 나는 어떤 인생길을 가는가?' 그런 물음은 오염된 일상적 풍경화를 뚫고 또 다른 생태와 생명 중심 인생길을 창조해내야 할 강렬한 시대적 경고로 다가온다. (2014. 11. 25)

어떤 관계를 찾아가는 걸까?

〈그녀〉

세월이 흐르면 세상이 나아질 것이라는 낙관론이 막장 드라마 같은 현실에 좌초되는 온갖 사례를 접하게 된다. 그런 와중에 본 〈그녀(her)〉(스파이크 존즈, 2014)라는 영화는 지구촌 도처에서 인생 여정의 고뇌에 사로잡힌 존재에 대한 성찰을 불러일으킨다.

영화 시사회 분위기는 일반 극장보다 냉랭한 편이다. 그러나 〈그녀〉의 시사회 분위기는 기이했다. 컴퓨터 프로그램 소리로만 등장하는 스칼렛 요한슨의 관음적 음성이 남성의 성애 판타지를 자극한 것은 아닐까, 하는 것이 내 자의적인 추측이다. 그보다 더 흥미로운 것은 가까운 미래를 배경으로 인간과 컴퓨터 AI와의 관계를 파고드는 관계 욕망 탐구이다.

AI 프로그램 소리로 등장하는 스칼렛 요한슨

“당신은 소녀 같아”, “내 사랑, 세상 끝까지~” 등등. 온갖 다정하고 달콤한 말들이 흘러나오는 아름다운 손글씨 편지 대필회사 풍경에서 영화가 열린다. 주인공 테오도르는 단골이 많은 대필 작가로, 어떤 이들에겐 오랜 기간 지속적으로 기념일마다 친근한 편지를 써주는 일상을 영위한다. 그러나 그런 그 자신은 퇴근 후 외롭고 삭막한 사생활을 영위한다. 그러던 어느 날 OS1(인공지능 운영체계)을 사면서 모든 게 변한다. 대화로 운영하는 오렌지색 프로그램 화면의 첫 질문은 앞으로 대화하게 될 목소리의 성별 선택을 요청한다. 남성인 그는 여성을 택한다. 이제 OS1은 ‘사만다’란 여성 소리로 등장한다. 산만한 이메일을 모두 정리해 주고, 손편지 모음책 계약도 체결해 줄 정도로 뛰어난 비서역을 하는 사만다는 곧 그의 연인의 자리에 오른다. 그런 테오도르의 변화된 모습을 지켜보노라면 비서 겸 아내를 거느리며 뛰어난 업적을 거둔 수많은 위대한 남성의 초상화를 보는 것만 같다.

거리에 나가 보면 많은 이들이 그처럼 작은 기계장치와 이야기를 나누고 있다. 요즘 일상에서 마주치는 많은 이들이 스마트폰과 접속하는 풍경과 다를 것이 없다. 그런데 사고가 발생한다. 테오도르는 사만다와 배타적인 일대일 관

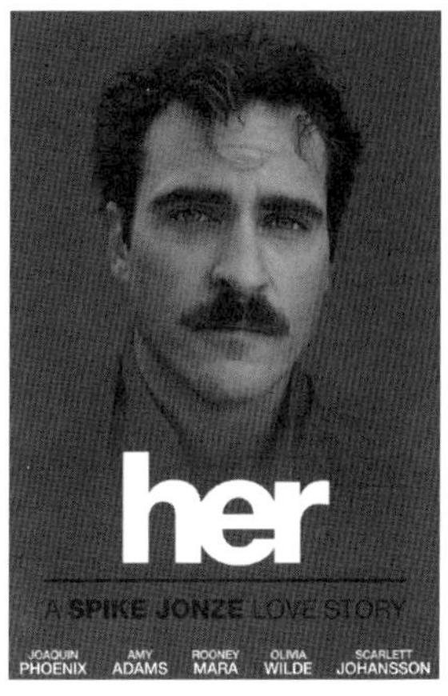

〈그녀〉 포스터

계, 즉 그녀가 '사랑하는 내 여자'란 착각을 했지만, 그녀는 8천 명 이상과 교류하며, 641명과 동시에 사랑을 나누는 육체적 몸이 없는 인공지능 프로그램일 뿐이다. 이런 난국은 그 혼자만 직면하는 상황이 아니다.

미래사회를 다루는 SF 영화들에서 인간과 기계장치의 교류는 주요한 화두로 등장한다. 〈A. I.〉(스티븐 스필버그, 2001)에서는 지구온난화로 물에 잠긴 미래의 일상이 등장한다. 모든 것이 감시받는 통제 사회, 인간들은 인공지능을 가진 인조인간의 도움을 받으며 살아간다. 하비 박사가 인간을 사랑하도록 감정 프로그래밍이 된 로봇 소년 데이빗을 탄생시키면서 인간과 기계의 관계는 애달픈 여정에 들어선다.

〈아이, 로봇〉(알렉스 프로야스, 2004)에서도 로봇의 도움으로 살아가는 미래의 삶을 상상해낸다. 인간의 안전을 최우선으로 하는 '로봇 3원칙'이 내장된 로봇은 요리하고, 아이들을 돌보며 인간의 신뢰 받는 동반자로 등장한다. 이런 로봇을 관리하는 로봇 심리학자도 나온다. 그런데 인간이 만든 로봇이 인간을 공격하면서 사건이 발생한다.

지난 6월 8일, '인간처럼 생각하는 인공지능'을 판별하는 '튜링 테스트'를 통과한 첫 사례가 영국 레딩대로부터 발표되었다. '튜링 테스트 2014' 행사에서 '유진'으로 불리는 프로그램이 그 주인공이다. '유진' 이전에도 수차례 인공지능 컴퓨터 실험이 있었고, 이런 기술과학 문명은 지속될 것이다. 그런 인공지능 장치가 스마트폰에 이어 상품화될 것이란 예상도 놀라운 일이 아니다. 최근 MIT대학에서 인간과 로봇의 관계를 연구한 실험도 흥미롭다. 노인요양원에 로봇 인형을 보내 할머니들과 한 달간 교류하도록 한 결과, 멀리 있는 자식보다 로봇과의 관계가 더 낫다는 반응을 전하는 뉴스를 접하게 되었다. SF 영화가 보여 주는 미래 풍경이 스마트폰을 잃어버리면 어쩔 줄 몰라 하는 이들의 현재 풍경과 오버랩 된다. 그건 마치 우리의 관계가 타자들과의 관계

이전에 본질적으로 자신과의 관계라고 일러주는 경고장처럼 보인다. 고독이 친구이기에 외롭지 않다고 노래한 조르주 무스타키의 〈나의 고독(Ma Solitude)〉은 내 속의 나와 사귀는 친밀한 우정 관계를 상징하는 것처럼 들린다.(2014. 6. 24)

팁 <그녀>의 각본과 연출을 맡은 스파이크 존즈는 '각본의 천재'란 그의 별칭이 입증하듯이 <그녀>의 각본으로 수차례 각본상을 수상하기도 했다. 특히 영어 원제목에서 대문자 'Her'가 아니라 익명성(1/n)을 뜻하는 소문자 'her'로 표기한 점을 새겨볼 만하다.

SF 영화로 보는 '우주-자연'

<아바타>

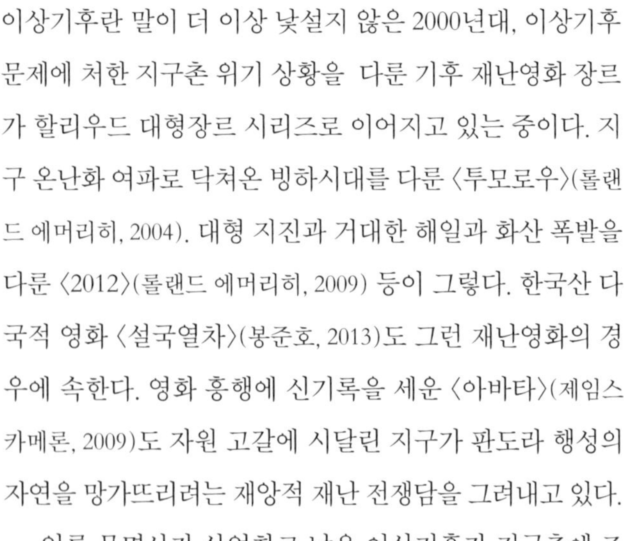

이상기후란 말이 더 이상 낯설지 않은 2000년대, 이상기후 문제에 처한 지구촌 위기 상황을 다룬 기후 재난영화 장르가 할리우드 대형장르 시리즈로 이어지고 있는 중이다. 지구 온난화 여파로 닥쳐온 빙하시대를 다룬 〈투모로우〉(롤랜드 에머리히, 2004). 대형 지진과 거대한 해일과 화산 폭발을 다룬 〈2012〉(롤랜드 에머리히, 2009) 등이 그렇다. 한국산 다국적 영화 〈설국열차〉(봉준호, 2013)도 그런 재난영화의 경우에 속한다. 영화 흥행에 신기록을 세운 〈아바타〉(제임스 카메론, 2009)도 자원 고갈에 시달린 지구가 판도라 행성의 자연을 망가뜨리려는 재앙적 재난 전쟁담을 그려내고 있다.

인류 문명사가 산업화로 낳은 이상기후가 지구촌에 조

성하는 미래의 불안은 지구 바깥에서 지구를 돌아보게 만드는 SF 영화와 만난다. 흔히 〈아바타〉하면, 흥행 신기록 영화, 3D 입체 영상 테크놀로지로 이룩한 수익구조를 찬양하는 담론이 지배적이다. 그러나 이 영화의 의미는 인간 테크놀로지의 잔혹함을 우주 대자연 속에서 폭로해 보인다는 점에서 주목해 볼 필요가 있다. 3D용 안경을 쓰고 보는 입체영상이 아니라 그저 이차원 평화면으로 보더라도 그렇다.

우주 저편 판도라 행성에서 벌어질 대전투를 예고하듯이, 하이테크 무기로 무장한 해병군단이 시끌벅적하게 출격하는 장면에서 영화는 시작된다. 판도라에 기지를 구축한 지구인은 세 부류로 구성돼 있다. 첫 번째 부류는 무장한 해병들과 그들을 거느린 영광의 상처를 자랑하는 대장이다. 두 번째는 우주 식물학을 전공한 그레이스 박사(시고니 위버)와 연구원인데, 그들은 원주민의 생태적 삶을 연구하며 공존을 원한다. 이들의 과학적 성취로 원주민 나비족의 외양을 하고 인간의 의식으로 원격조정되는 아바타가 탄생된다. 세 번째는 이 프로젝트에 돈을 대는 자본가로, 그는 자원이 바닥난 지구에 언옵티늄을 가져와 거대한 돈을 벌 욕심에 사로잡혀 있다. 물론 그는 '지구를 위해서'라는 멋진 목적을 내세운다.

엄청난 돈을 투자해 만든 쌍둥이 형의 아바타를 대체하

기 위해 파견된 제이크(샘 워싱턴)는 형의 죽음으로 하반신 수술비를 벌 기회를 얻은 행운아이다. 과학자 형과 유사한 유전자를 가진 제이크는 형을 대신해 연구팀에 속해 있지만, 해병출신이란 전력 때문에 해병대장의 끄나풀 노릇도 하는 이중 계약을 맺는다.

온전한 두 다리를 되찾는 수술비를 마련하려고 아바타 프로젝트에 응한 제이크의 꿈은 자유롭게 걷기이다. 그는 아바타로 변신해 판도라 자연 속을 뛰어다니면서 자유롭게 움직일 수 있는 기쁨에 빠져든다. 게다가 나비족 지도자의 딸인 네이티리가 그의 목숨을 구해 준 후, 판도라 자연에 접속하는 법을 가르쳐주면서 그는 자연 생명체의 본질을 깨닫게 된다. 아바타가 된 제이크가 네이티리와 함께 노닐며 전사훈련을 받는 판도라는 신비한 자연의 아름다움이 넘치는 행성이다. 300미터에 달하는 거대한 나무들은 숲을 이루고, 형광빛을 발하는 나뭇가지들이 수양버들처럼 늘어져 있다. 해파리처럼 날아다니며 홀씨를 뿌리는 거대한 산들은 공중에 떠서 이동하고 공룡 같은 새가 하늘을 날아다닌다. 여기 사는 종족들 중 하나인 나비족은 3미터가 넘는 커다란 키에 파란 피부, 그리고 고양이처럼 뾰족한 귀와 긴 꼬리를 가졌다. 자연을 생명의 어머니로 섬기는 이들의 신앙은 인디언식 범신론을 연상시키기도 한다.

〈아바타〉 포스터

그러나 이들이 생명 에너지의 근원으로 섬기는 나무 밑에 묻힌 언옵티늄 채굴을 위해 지구인은 자연 파괴에 돌입한다. 나비족의 이주를 설득하다 실패한 그레이스와 연구팀은 나비족과 하나가 되어 침략자인 지구인에 대항하는 결전을 벌인다. 제이크는 대장과 비밀리에 체결한 계약을 위반하고 나비족의 전사로 투쟁을 벌여나간다.

참담한 투쟁에서 죽어가는 그레이스를 살려내려는 제이크의 간절한 부탁으로 나비족은 생명의 집회라는 명장면을 연출해낸다. 생명의 나무 옆에 그레이스를 눕히고 강강술래를 하듯이 어깨에 어깨를 걸고 둥글게 앉은 나비족 무리는 생명의 대지에 기도한다. 마치 무속신화의 한 장면처럼 비장하게 펼쳐지는 이 장면은 인간과 자연을 하나로 돌리는 신성함마저 느끼게 해준다. 그러고 보면 우리가 공유하는 단군신화에 등장하는 무(巫)자는 하늘과 땅을 하나로 연결하는 인간 존재의 의미, 인간이란 하늘과 땅 사이에서 숨 쉬는 신성한 자연의 생명체임을 보여 주는 오래된 지혜이기도 하다.

과학자의 합리적 이성을 추구하던 그레이스는 마지막 순간, 황홀한 표정으로 고백한다. "나는 당신을 보았다(I see you)"라고. 나비족의 인사말이기도 한 이 대사는 자연의 품으로 돌아가는 지구 인간의 간절한 고백처럼 들린다.

오랫동안 방대하게 펼쳐지는 인류사 성찰에 관한 이야기의 영화화를 꿈꿔 온 제임스 카메론의 〈아바타〉는 디지털 테크놀로지 덕에 가능해졌다. 그러나 영화의 드라마는 인류의 테크놀로지 발달이 가져올 무서운 미래를 경고한다. 대부분의 SF 영화가 여느 장르보다 하이 테크놀로지를 활용하지만, 그와 동시에 테크놀로지 사회에서 벌어지는 통제 권력의 위험을 고발한다는 점에서 동전의 양면을 보는 것 같다. '우리는 어디에서 와서, 어떤 존재이며, 어디로 가는가?'에 대한 고뇌는 고갱의 그림 제목이자 예술 탐구의 에너지원으로 작동하기 때문이다. (2014. 2. 10)

써늘하게 인류 돌아보기

<설국열차>

올여름은 더욱 뜨겁다. 원자력발전소 시험 성적서를 위조할 정도로 타락한 원전 마피아 덕에 '전력 보릿고개'를 앓고 있다. 어디 가나 뜨겁다. 2년 전 발생한 후쿠시마 원전 유출 사고도 남의 일이 아니다. 방사능 오염 여파로 기이한 물체가 발견되었다는 소식에 이어 후쿠시마 유령 도시화 괴담도 들린다.

폭염을 앓으며 사라진 국가 기밀문건 공방으로 난리통인 와중에 시원함을 넘어 써늘한 재난영화 〈설국열차〉(2013)가 도착했다. 〈괴물〉(2006)로 이미 천만 관객을 돌파한 봉준호 감독이 할리우드 배우들을 동원해 400억 원대를 넘어서는 거대 제작비로 만든 블록버스터다. 규모의 경제론에 빠진 언론에선 흥행 수치 중계에 열을 올리고 있다.

꽁꽁 얼어붙은 지구… 1001칸의 열차

그러나 수치를 넘어 인류와 지구생태계 문제를 함께 돌린 예술가들의 고뇌와 열정이 이 영화의 모태이다. 시나리오 작가와 만화가들이 유명을 달리하며 30여 년에 걸쳐 완성한 프랑스 만화 〈설국열차〉는 봉준호를 매혹시켰고, 재난영화로 각색 변주되어 이 여름 의미심장한 피서를 즐겨 보라고 달려온 것만 같다.

"결코 멈추지 않는 열차가 영원한 겨울의 광활한 백색 세상을 지구 이편에서 저편 끝까지 가로지른다." 말풍선에 이런 문구를 달고 빙하기를 폭주하는 열차가 등장한다. "바로 1001칸의 설국열차이다." 이렇게 설정된 만화는 칸과 칸 사이 이동이 불가능한 열차 속의 처참한 풍경을 보여 준다. 상상력을 동원한 만화지만 현실을 깨우쳐 주는 묘미가 도처에 숨어 있다.

"만화는 단순히 웃음을 유발하는 장난질이 아니다."라고 말한 오노레 도미에는 억압적 현실을 고발하는 통풍구 같은 그림으로 유명하다. 그의 대표작 〈삼등열차〉는 삶에 찌든 몰골로 웅크린 채 불편한 빈자들의 초상을 보여 준다. 그는

나는 닫힌 문을 열고 싶다
설국열차
SONG KANGHO

〈설국열차〉 포스터

이어서 〈일등열차〉도 그렸는데, 정장차림의 승객들이 장갑을 낀 채 서로 시선을 피하는 고독한 모습으로 등장한다. 국왕 루이 필립 1세를 탐욕스런 흉물로 묘사한 작품을 비롯한 수많은 정치풍자화로 투옥까지 당한 그는 비탄스런 일상을 희화화한 거장이다. 열차칸 그림은 1860년대 차량 사이 통로가 열쇠로 잠기는 차별에 대한 비판적 고발이기도 하다.

열차 안의 세상은 결코 평등하지 않았다

만화에서 보았던 차별화된 열차칸 풍경과 풍자적인 열차 풍경화들이 통합적인 재난풍경화가 되어 생생하게 다가온다.

〈설국열차〉는 절대 권력에 억압당한 지리멸렬한 열차 풍경을 SF 판타지로 풀어나간다. 지구 온난화 해결책으로 79개국 정상들이 결의하여 살포한 CW-7은 빙하기를 가져온다. 얼어붙은 지구를 일 년에 한 바퀴 도는 설국열차만이 마지막 인류의 생존공간이다. 17년간 열차에 갇혀 사는 생존자들은 꼬리칸 빈자들과 앞칸 부자들로 나누어진다.

벌레를 재료로 만든 단백질 양갱으로 연명하는 꼬리칸 사람들은 앞 칸의 필요에 따라 차출되어 불려 나간다. 열차의 지배자 윌포드(에드 해리스)는 성스러운 엔진을 개발하고 돌리는 막강한 권력이다. 그러나 생존 자체가 고역인 꼬리칸 승객들은 그에 대한 반란을 꾀하게 된다. 단백질 양갱 속에 묻혀 커티스(크리스 에반스)에게 전달되는 붉은 쪽지는 반란으로 인도하는 미지의 안내자이다. 커티스 일행은 보안설계자 남궁민수(송강호)를 감옥 칸에서 구출해내 열차 문을 열어젖히며 진군해 나가면서 윌포드 제거에 나선다. 그 과정에서 그들은 엄청난 살상을 당하기도 한다. 하지만 "자신의 자리를 지켜라, 질서를 지켜라, 균형이 중요하다." 라며 호통을 치던 메이슨 총리(틸다 스윈튼)를 잡아 인질로 삼는 성과를 거두기도 한다.

우여곡절 끝에 커티스는 엔진실에서 윌포드를 만난다. 반란은 성공적인 혁명이 될까? 윌포드를 제거하면 살만한 평등 열차 세상이 이루어질까? 특수효과로 무장한 SF 판타지 재미가 인류 공존에 걸린 본질적 질문을 하게 만든다. 그런 궁금증은 빙하기의 마약이자 인화물질인 크로놀처럼 폭발력을 갖는다. 그런 점에서 SF 판타지의 종말론적 상상력이 현실적 고통을 먹고 산다는 점을 절감하게 된다. (2013. 8. 6)

팁 <설국열차>의 단백질 양갱 재료가 '바퀴벌레'란 점에 주목하면 더욱 재미있다. 봉준호 감독의 에피소드 구성 단편영화 <지리멸렬>(1994)에서 '바퀴벌레'란 장이 나오기도 한다. 이 단편영화는 20여 년 간 순행 질주하는 봉감독의 예정표처럼 보이기도 한다.

타인의 삶 훔쳐보기

<타인의 삶>, <사랑에 관한 짧은 필름>

만일 누군가 당신을 지켜본다면, 전화와 대화도 도청당한다면…. 이런 가정은 소름끼치는 일이다. 그런데 그런 가정이 사실로 드러났다. 최근 터져 나온 민간인 불법사찰 증거인멸 사건이 그렇다. 고위 공직자가 부하 공무원에게 누군가를 몰래 지켜보라고 지시한 끔찍한 일이 증거와 함께 연일 더욱 노골적으로 드러나고 있다. 새삼스러운 일은 아니다. 과거 독재권력이 적대 세력을 압박하고 멸망시키는 장치로 사용해 온 역사가 있으니까. 그런데 그런 작태가 민주화가 진행된 지금 우리 사회에서 공직자에 의해 이루어진다는 사실이 황당하고 절망적이다. 그런 업무가 부당하다는 것을 뒤늦게라도 깨달은 이가 불법사찰 지시 녹음자료도 폭로하는 양심선언을 해준 것이 다행이다. 독재권력 시절 얼버무리고 넘어가던 이 엄청난 사건을 특별수사부가 다시 조사하고 있다. 사법부 개혁바람이 어느 때보다 강하게 일고 있다. 그런 시점에서 깃털만 뽑지 말고 몸통을 밝혀내 처벌하는 공정한 변화가 일어나야 법치국가의 위상이 설 것이다.

도를 넘어선 반인권적 불감증

그런 변화는 훔쳐보기와 도청이 등장하는 영화들 속에서도 잘 드러난다. 독일 영화 〈타인의 삶〉(플로리안 헨켈 폰 도너스마르크, 2006)이 특히 그렇다. 배경은 통일 5년 전, 비즐러는 동독의 보안국 슈타지 요원이다. 그에게 주어진 임무는 잘나가는 연극 작가 드라이먼을 밀착 도청하는 것이다. 체제 충성적인 드라마를 쓰는 드라이먼은 고위층과 친분도 있다. 그런데 그는 예술가 특유의 비판의식도 없이 완벽한 체제 충성적인 점이 오히려 의심을 사게 만든 것이다. 좀 더 들여다보면 다른 이유도 있다. 문화부장관이 그와 사는 여배우를 탐내서 작가를 파멸시키려는 사적 욕망이 가담했기 때문이다. 이제 비즐러의 일상은 작가 집 앞에 비밀의 방을 얻어 종일 그를 감시하고 도청하는 것이다.

그런데 예상치 못한 이상한 변화가 발생한다. 비즐러의

눈과 귀를 통해 작가의 사생활이 드러난다. 다가가 보니 그의 또 다른 내면이 점차 드러난다. 그는 체제 비판으로 활동이 정지된 스승의 자살, 검열 당한 친구들 문제로 고뇌하는 예술가이다. 그와 여배우의 사랑과 갈등도 절절하게 중계된다. 경직된 비밀경찰의 삶과 전혀 다른 삶을 사는 이들, 예술가들의 고뇌와 우정은 그를 몰래 지켜보던 비즐러를 변화시킨다. 익명으로 서독 시사지 『슈피겔』에 동독 현실을 비판한 글을 쓴 작가를 보호하고픈 욕망마저 비즐러에게 생겨난다. 그래서 비즐러는 작가를 구하기 위해 타이프라이터까지 감춰 주는 위험천만한 일도 감행한다. 감시하던 버즐러는 정반대로 작가의 수호천사가 된 셈이다.

결국 도청명령을 충실하게 수행하지 못한다는 심증 속에 비즐러는 집배원이라는 한직으로 밀려난다. 그러다 갑자기 통일이 되면서 모든 상황에 변화가 일어난다. 독재권력의 비리와 반인권적 범죄는 통일된 독일 법정에서 처벌받는다. 그러나 이 통일 법정에서 비즐러는 도청명령을 거부했기에 집배원으로 살아남는다. 그 사실을 뒤늦게 알게 된 작가 역시 비즐러 덕에 살아남아 감동적인 회고록을 쓴다. 이렇듯 이 작품은 통일 전후 독일의 변화 속에서 인간의 양심 문제와 긍정적 변화를 감동적으로 보여 준다. 특히 부정의한 명령체계로부터 탈주하는 비즐러를 맡은 올리히 뮈헤의

난 그들의 삶을 훔쳤고 그들은 나의 인생을 바꿨다
타인의 삶
The Lives of others

〈타인의 삶〉 포스터

연기력은 혀를 내두르게 만든다. 비밀요원 자체를 보여 주는 무표정한 냉혈한의 차가운 표정 속에서 드러나는 섬세한 내면의 결은 기막히다. 그런 공감대와 감동은 아카데미 외국어 영화상 수상과 더불어 수많은 영화제에서 작품상과 연기상 수상으로 이어졌다.

이 지경에 이른 권력의 치부, 소도 웃을 일

특히 영화라는 매체는 카메라를 통한 훔쳐보기 메커니즘이 관음증(voyerism)으로 작동하면서 인간 욕망에 접속한다. 굳이 야한 장르의 영화가 아니더라도 그렇다. 그런데 누군가

〈사랑에 관한 짧은 필름〉 포스터

를 도청하고 훔쳐보는 욕망이 권력욕과 결합하면 포르노적 권력욕망과 유사한 결과가 나온다. 키에슬롭스키의 명작 〈사랑에 관한 짧은 필름〉(1988)도 그런 점을 보여 준다. 앞집 여성을 훔쳐보던 소년은 포르노적 욕망으로 시작했지만 결국 그 욕망을 던져버린다. 그러면서 그 여성과 인간적 연민을 나누는 변화를 보여 준다.

정면으로 떳떳하게 대하지 못하는 관계는 늘 멸망을 자초한다. 훔쳐보기를 하는 몰카(몰래 카메라)는 인간에 대한 예의를 저버린 반인권적 작태이다. 그래서 화장실 몰카는 처벌받는다. TV의 몰카 형식 프로그램이 허용되는 것은 그 이유와 결과를 내놓고 밝히기 때문일 것이다.

영화와 현실은 다르지만, 영화는 현실이란 재료로 만들어진다. 때로 어떤 현실 사건은 드라마보다 더 드라마적이기도 하다. 지금 우리가 목격하는 공적 현실은 사생활도 침범하는 변태적 몰카 드라마처럼 보일 때도 있다. 다시 수사 중인 민간인 사찰은 권력이 가담했기에 화장실 몰카 훔쳐보기보다 더 심각하고 무서운 범죄 행위이다. 이제 모두 훔쳐보기가 아닌 상태로 떳떳하게 그 해결책을 지켜보는 중이다. (2012. 3. 27)

팁 <타인의 삶>은 2007년 한국에서 개봉됐지만 예술영화라는 편견에 묻혀서 인지 소수 극장에만 걸려 많은 이들이 볼 기회를 누리지 못한 명작이다. 그러나 유튜브를 통해 언제든 음미해 볼 만한 의미심장한 작품이다.

비와 송창식, 그리고 자연과 님

<워터월드>

"언제부터 이 비가 내리기 시작했을까/ 언제부터 내가 이 빗속에 서 있었을까." 언제나 길동무 되자던 소녀가 꿈을 찾아 떠나자, 님을 그리며 송창식이 노래한 〈비와 나〉의 가사 한 대목이다. 〈비의 나그네〉에서는 님이 오시고 가시는 발자국 소리를 밤비 내리는 소리와 일치시켜 나간다. 그렇기에 "내려라 밤비야/ 내 님 오시게 내려라/ 주룩주룩 끝없이 내려라."라고 기원한다. "창밖에는 비 오고요 바람 불고요" 같은 노래도 있다. 비를 님과 일치시키며 터져 나오는 우수를 줄기차게 노래해 온 그는 단연코 비의 음유가객이다.

비가 오면 나는 습관적으로 비 노래를 들으며 솟아오르는 열정적 우수에 빠져든다. 그런 상태에서는 책도 잘 읽히고 평소 마시던 차도 더 맛있다. 글쓰기 작업도 마른 날보다 빗물처럼 광포함과 잔잔함을 오가며 잘 풀려나간다. 나만 그런 건 아닌 것 같다. 라디오에서도 비만 오면 비에 관한 노래들로 사람들의 마음과 세상을 적셔 나간다.

감성적 물꼬를 트던 비 오는 날의 감흥

그런데 요즘 100년 만의 호우, 물폭탄이라는 말까지 나오자 비 노래를 즐기는 것조차 죄책감을 느낀 탓일까? 한 디제이는 폭우사태 속에 비 노래를 트는 걸 이해해 달라는 말도 덧붙인다. 비가 오건 안 오건 송창식의 비 노래는 숨 막히는 현실 속에서도 내 감성의 물꼬를 트이게 해주었고, 소녀 시절부터 지금까지 그의 노래는 여전히 내 인생길의 친구이다.

송창식만 비를 노래한 것은 아니다. 〈비처럼 음악처럼〉은 김현식의 대표곡이자 그의 삶을 그린 영화 제목이기도 하다. "비가 내리고 음악이 흐르면 난 당신을 생각해요."로 시작되는 이 노래도 떠난 님을 떠올리며 내리는 비와 흐르는 눈물을 하나로 돌리며 아픈 이별조차 정겹게 돌아보게 만든다. 채은옥의 〈빗물〉에서도 비는 잊지 못할 님을 떠올게 만드는 촉매제이다. 하여 비가 내리면 "어디에선가 나를 부르며 (떠나간 님이) 다가와 줄 것만 같다"고 노래했으리라. 천재 뮤지션 신중현의 〈봄비〉에서도 비는 마음을 울리며 달래주는, 외로운 인간 존재의 님과 같은 존재이다. 여러 가수가 이 노래를 불렀지만 특히 소울 흥취에 젖어들게 하는 박인수 버전이 더욱 마음을 뒤 흔든다. "빗방울 떨어져 눈물이 되었나/ 한없이 흐르네/ 봄비, 나를 울려주는 봄비/ 언제까지 나리려나/ 마음마저 울려주네."라며 그윽하게 울부짖는다.

어디 봄비만 그런가? 어떤 계절이건 지구 어느 구석에서건 비는 외로운 마음을 흔들고 적시며 달래준다. 질곡의 역사에 시달려 온 칠레의 시인 파블로 네루다가 이탈리아의 작은 섬에 유배당해 , 우편배달부와 나누는 시적 소통을 그린 영화 〈일 포스티노〉에서 우편배달부에게 메타포를 설명하다가 문득 묻는다. "하늘이 흘리는 눈물은 무얼 말할까?" 메타포란 말 자체를 처음 접한 우편배달부는 답한다. "그건 비죠." 그렇다. 그건 메타포적 은유이기도 하지만 실은 자연의 법칙 자체이기도 하다. 비는 하늘의 눈물이자 곧 우리의 눈물을 끌어내는 마중물이 되어, 우리가 자연의 순환 속으로 돌아가는 자연 생명의 일부임을 깨우쳐준다

자연을 훼손한 대가 쓰나미로 다가와

이번 폭우에서도 그런 메타포적 메시지가 담겨 있다. 이번

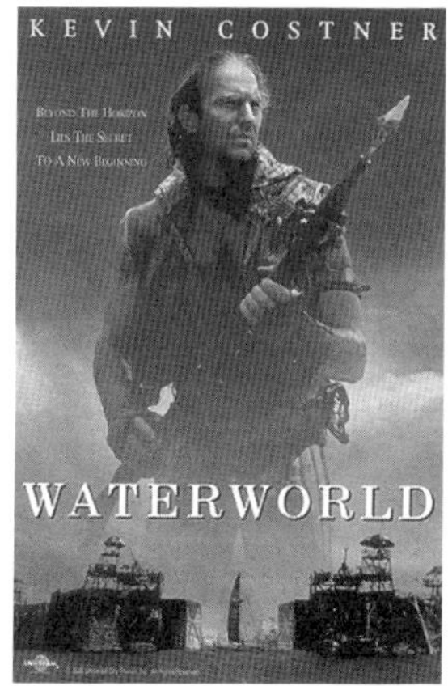

〈워터월드〉 포스터

폭우사태를 놓고 인재인지 아닌지 정치적 공방을 벌이고 있지만, 우리는 이미 알고 있다. 자연을 몸살 나게 하는 개발이 돈벌이에 중독되어 물꼬를 막고, 물길을 돌리고 있다는 것을. 물의 숨통인 바다를 괴롭히며 자연지배적 환상을 경제적 부와 일치시키려는 인간의 오만을. 그러다가 한계에 달하면 그동안 침묵하며 견디던 자연도 살기 위해 발버둥치며 우리에게 무서운 경고를 한다는 것을.

재난영화가 그 점을 잘 보여 주고 있다. 자연재난영화는 환경재앙을 재난의 핵심으로 삼아 인류가 당하는 시련을 드라마의 정점으로 삼는다. 경제개발로 북극 빙하가 녹아 물세상이 되자 마실 물과 흙을 찾아나서는 처참한 생존기가 담긴 〈워터월드〉(케빈 레이놀즈, 1995)가 바로 그런 경우이다. 지구온난화로 빙하가 녹아 해류 흐름이 바뀌면서 빙하기가 다시 올 징조를 감지한 기후학자의 경고를 무시하는 정치인들과 지구촌 곳곳에서 일어나는 이상기후 재앙을 다룬 〈투모로우〉(롤랜드 에머리히, 2004)도 유사하다. 호우로 침수된 도시의 비극과 액션을 결합시킨 〈하드 레인〉(미카엘 살로먼, 1998)에서도 개발에 대한 자연의 경고를 드라마적 동기로 삼고 있다. 그리고 쓰나미를 당하는 사람들의 시련을 소재로 만들어서 본격적인 한국 재난영화로 주목을 받은 〈해운대〉(윤제균, 2004)도 허구 영화의 틀에만 갇혀 있는 것이 아니라 인류의 미래를 예언하는 것만 같다. 그러나 또 다른 한편에선 에코를 머리에 단 채 경제적 수익을 목표로 하는 개발책이 난무하고 있다. 이번 폭우로 피해를 당하자 자연을 함부로 훼손한 대가임을 반성하는 이야기도 봇물처럼 터져 나온다. 그럼에도 불구하고 실제로는 자연존중의 삶과 정책이 개인과 집단에서 전폭적으로 실행되지 않는다는 것이다.

물처럼 "약한 것이 강한 것을 이기고, 부드러운 것이 단단한 것을 이기는 것을 천하에 모르는 자가 없지만, 진실로 실행하는 자는 없다(弱之勝强, 柔之勝剛, 天下莫不知, 莫能行)."는 오래된 노자의 탄식은 물을 우습게 보는 인간의 폐부를 찌른다. "나를 물로 보냐?"는 표현처럼 물을 가볍게 여기는 인간 문명은 물에 대한 인식부터 바꾸어야 한다. 하늘이 내리는 물인, 비야말로 농경시대가 아니어도 우리를 먹이고 숨 쉬게 하면서 울려 주고 위로하는 생명의 기원이자 님이기도 하다. 그런 맥락에서 소자연인 인간이 대자연인 우주 속에 사는 존재임을, 자연의 자녀인 가객들이 비 노래 메타포로 줄기차게 들려주고 있는 것이리라. (2011. 8. 2)

작아서 아름다운 것들

<마루 밑 아리에티>

큰 것, 새것, 비싼 것, 그리고 명품들…. 한국 사회에서 선호되는 기본적 속성들이다. 큰 차, 큰 평수의 최첨단 아파트, 청문회 논의 대상까지 된 비싼 루이뷔통 백…. 이런 것을 소유하면 자신이 출세하고 성공한 사람처럼 보여 기분이 근사해지는 것일까? 하긴 차의 크기에 따라 운전자를 대하는 태도가 달라지기에 무리해서라도 큰 차를 탄다는 속설은 크기 콤플렉스의 상식화를 보여 주기도 한다. 심지어 한때 논란을 일으킨 '루저 발언'도 남자를 크기 콤플렉스로 재단하는 황당무계함을 드러내 준다. 갈수록 인구수와 더불어 1인 가족 증가라는 생활양식 변화로 큰 평수 집이 이전만큼 인기가 없어진 것은 그중 다행이다.

최근 한 케이블 방송이 4억 원대로 치장한 명품녀를 보여 주는 쇼를 했다. 비싼 명품으로 치장하는 것은 자본 크기의 과시로 자신이 선망의 대상이라고 과시하는 것처럼 보이기도 한다. 그런데 막상 방송이 나가자 그녀의 돈 크기 출처를 두고 진실공방이 벌어지고 있다. 그 많은 돈이 어디서 나왔는가에 대한 공방은 세금문제를 거쳐 마녀사냥으로까지 번지고 있다. 부의 크기를 추종하는 한국 사회의 가식병이 낳은 한심하고 슬픈 생쇼판이다.

큰 것 강박세계에 등장한 작은 소녀

바로 그 와중에 〈마루 밑 아리에티〉(요네바야시 히로마사, 2010)라는 작은 인간이 등장하는 애니메이션을 보게 되었다. 원작은 메리 노턴의 영국 동화 「빌려 쓰는 종족!(The Borrowers!)」으로, 보드랍고 귀여운 작은 인간 종족의 삶 속으로 우리를 인도해 주는 모험적 여행담이다.

심장수술을 앞둔 소년이 시골 외갓집으로 요양하러 오는데서 영화가 시작된다. 척 보기에도 심약하고 우수에 가득 찬 소년은 한적한 시골집에서 산책하고 몽상하며 외롭게 지낸다. 그런데 언뜻 마주친 아리에티의 존재는 새로운 세상을 열어 준다. 엄지손가락 두 배 정도의 크기에 빨래집게로 단출하게 머리를 동여맨 소녀 아리에티! 커다란 인간들이 벌레취급하며 없애버렸기에 이제 몇 명 남지 않은 이 작은 종족은 인간의 물건을 빌려 쓰며 마루 밑에 산다. 이들은 인간으로부터 빌렸다고 하지만 실은 그저 몰래 가져간 것이다. 그래도 상관없다. 각설탕 한 조각, 휴지 한 장의 가치를 모르는 인간에게 이런 작디작은 물건은 작은 인간들에겐 오래오래 쓸 필수품이니까.

언젠가 혼자 남을지도 모르는 딸에게 생존능력을 키워 주려고 인간의 집으로 모험을 떠나는 아버지의 복장은 오지 탐험가처럼 보인다. 헬멧을 쓰고 자일을 두르고 비상 플래시로 무장한 아버지, 인간의 집 바닥에서 주운 작은 가봉용 핀을 마치 창처럼 끼고 행군하는 아리에티. 그들의 눈에 비친 인간세상은 『걸리버 여행기』의 거인국을 연상시킨다.

소년에게 작은 소녀의 발견은 진부하고 무력감에 빠진 삶에 활력을 준다. 그는 또 다른 세상, 또 다른 생명체, 특히 작아서 아름다운 것들을 새롭게 발견하는 황홀감을 느끼게 되었기 때문이다. 그녀 앞에 서면 그는 약해빠진 소년이 아니라 힘 많은 커다란 인간이기에, 심지어 이 작은 존재들을 구해 줄 수도 있다.

〈마루 밑 아리에티〉 포스터

우린 우주 속 작디작은 존재가 아니던가!

불현듯 에른스트 슈마허의 명언, "작은 것이 아름답다"의 현실태를 목격하는 느낌이다. 슈마허는 끝없는 성장주의에 불행해진 사람들을 부의 크기 강박으로부터 해방할 경제학적 출구를 모색했다. 그리하여 인간다운 삶을 위한 경제학의 핵심을 작은 것에서 찾았다. 작은 것, 적은 것이 희망이며, 인류 공생의 미래이기에 작은 것의 아름다움을 일깨워준 것이리라. 자, 이제 우리 자신을 돌아보자. 작은 것을 좋아하는가? 작은 것의 아름다움을 구체적으로 경험하며 사는가?

미국에 가면 늘 놀랍고 불편한 것이 음식을 너무 많이 주고 너무 많이 버리며 보여 주는 크기의 경제학이 지배하는 일상적 풍경이다. 슈퍼마켓 규모도 너무 크고 진열된 물건 종류도 너무 많아 현기증이 난다. 한국도 유사하다. 큰 수익을 위해 프랜차이즈를 내건 대형할인점이 오래된 작은 가게들을 죽이고 있다. 그게 자유시장의 법칙이라고 전문가들이 진단하지만, 또 다른 생태적 관점에서 보면 크기의 경제학이 지배하는 승자독식 세상의 지구 환경오염이 소름끼치게 다가오기도 한다.

커다란 것에 둘러싸여 현기증을 느끼는 나나 나와 유사한 이들은 아리에티를 보며 동병상련의 두려움을 갖는다. 그래도 포기하지 말아야 한다. 작은 것의 아름다움을 느끼고 실천해야 덜 불행해지니까. 게다가 우린 우주 속의 작디작은 존재가 아니던가! (2010. 9. 17)

3. 따로 또 같이, 연대의 미학

진실을 찾아가는 예술치유

<1991, 봄>

청아한 가을하늘 아래 재잘대며 남산을 산책하는 유치원 아이들을 만나면 미소가 절로 나온다. 즐거운 순간이다. 고령화 사회, 나 역시 나이 들어가는 인생길에서 우연히 마주친 아이들과 동행하는 즐거운 기분이 들기 때문이다. 그런데 지난 10월 11일 이후 국회 감사를 통해 연이어 터져 나오는 유아교육 비리 소식은 마음을 무겁게 만든다.

침묵을 깨고 진실을 털어놓을 용기를

관행처럼 저질러 온 사립 유치원들의 구체적인 비리를 알게 될수록 교육적 양심 여부에 대한 회의와 더불어 허망한 마음까지 일어난다. 감사결과와 전직 유치원 교사들이 고백한 사실들은 왜 이곳에 '헬조선'이란 신조어가 난무하는지 절감하게 해준다. 200명 넘는 아이들과 교사들을 위한 닭곰탕이 겨우 닭 세 마리로만 우려낸 국물이란 사실은 오히려 약과다. 명품가방, 미용실 등 원장의 온갖 사적 소비가 유치원 체크카드로 지불됐다는 기록은 충격적이다. 줄줄이 사탕처럼 이어지는 비리를 알면서도 블랙리스트에 오를까 두려워 침묵했던 이들에게도 이젠 진실을 털어놓을 용기를 갖게 된 변화가 보인다. 가을바람과 함께 다가온 그런 변화의 바람은 적폐청산이 표현의 자유와 함께한다는 것을 증명해 준다. 이런 아픈 사태를 접한 후 거리에서 아이들을 만나면 면목 없는 어른이 된 것 같아 미안하기만 하다.

그 와중에 진실을 찾아 방황해 온 24년에 걸친 기록을 담아낸 〈1991, 봄〉(권경원, 2017)을 보게 되었다. (김기설의) '유서대필 조작사건'으로 알려진 가짜 진실의 피해자 강기훈과 더불어 그 파장을 기타 연주곡 8개 악장 단락의 음악 다큐 형식으로 풀어낸 작품이다. 진실조작 과정과 그에 따른 피해자의 아픔, 번민과 방황이 기타 연주자로 변한 그를 따라가면서 관련자 인터뷰로 풀려나간다. 당시 권력에 휘둘린 언론보다 비밀스런 소통으로 여겨졌던 하이텔이나 천리안과 같은 PC 통신 작업부분이나 검사의 강압적 심문과정, 시

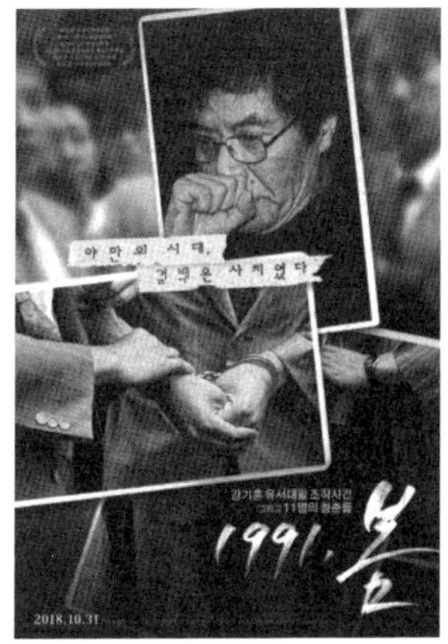

〈1991, 봄〉 포스터

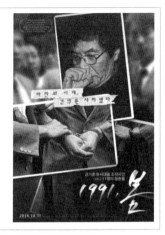

위풍경 등이 인형극으로 재현되어 팍팍한 분위기를 풀어 주기도 한다. (이채로운 문재희 퍼펫티어의 작업 덕이다.) 진실조작에 따른 피해와 결코 무관할 수 없는 암투병을 하며 힘 빠진 손가락으로 연주에 몰입하는 강기훈의 변화된 모습은 예술치유 현장처럼 보인다.

1987년은 "(책상을) 탁! 치니 억! 하고 죽었다"라며 박종철 고문치사를 쇼크사로 위장했던 독재권력에 맞선 6월 항쟁의 역사적인 해이다. 그런 강렬한 기억을 회고한 실화 영화 〈1987〉(장준환, 2017)은 표현의 자유 속에 국민의 힘을 증명해냈다. 민주화로 가는 길이 일사천리가 아니라고 해도, 4년 후인 1991년 봄은 잔인했다. 대학축제 기간 해방제로 벌어진 민주화 시위는 강경 진압을 당하면서 그해 봄, 11인의 청년들이 분신 및 투신, 의문사에 처하는 난국에 휘말려들었다. 어버이날 청년 김기설의 투신 뉴스로 다큐는 시작된다. 20여 년 전 청년시절 투쟁담을 이제 중년이 되어 회고하는 인터뷰들은 #1악장 '기타를 위한 전주곡' 연주회로 연결된다. 이렇게 회고담에서 연주로 이어지는 구성은 과거의 현재화, 혹은 과거와 현재를 동전의 양면처럼 돌리는 플래시백이란 영화기법의 묘미를 증명해낸다. 즉, 아픈 과거이기에 의식적으로 없앤다고 무의식에 내재된 기억도 사라지는 것은 아니다. 우리가 살아가는 오늘 하루 현재 속에 과거와 미래가 공존하듯이.

진실을 밝히기 위한 노력에 예술을

진실 찾기 권력 게임판을 보여 주는 24년에 걸친 회고는 한국판 드레퓌스 사건처럼 역사적 교훈이기도 하다. 1894년 프랑스 육군 포병 드레퓌스는 간첩혐의로 억울한 국가권력의 희생양이 되었다. 정보유출 문건에 'D'란 암호명을 혐의로 삼은 것은 매우 불충분한 근거였지만, 그가 유대인이란 이유로 당시 프랑스의 인종차별 관행이 작동한 셈이다. 그런 부당한 현실을 목격하며 에밀 졸라는 「나는 고발한다」란 글을 문학신문『로로르(L'Aurore)』에 투고해 부당한 권력집행에 저항했다. 이로 인해 당대 베스트셀러 작가였던 졸라는 비난에 협박까지 당하며 난국에 처했다. 그러나 이후 진실이 밝혀지면서 그는 사후 정의로운 문학정신의 상징으로 변화되었다.

권력의 진실조작 스캔들로 드레퓌스 사건과 유사한 이 사건은 권력의 힘에 휩쓸리는 우리 사회 특유의 또 다른 지식권력을 목격하는 아픔을 주기도 한다. 그럼에도 불구하고 어떤 권력이 지배하건 정의로운 진실을 위해 연대하는 또 다른 힘도 있다는 것을 확인할 수 있다. 국가권력의 피해자에서 후원자로 전복적 변신을 하며 만든 '(재)진실의 힘'이 원불교 문화원에서 개최한 음악 여행 '마음에서 마음으로'는 바로 그런 예술치유의 장이다. 유서대필 진실을 밝히기 위해 매진했던 변호사도 세월호 특조위 단식고통을 겪으면서도 강기훈처럼 기타를 연주한다는 고백은 흥미롭다. 대필조작 사건이 트라우마로 작동하기에 그때 그 시절 이야기를 꺼리는 그를 '강기타'라 부르며, 청년 음악가들과 연대하는 연주회 공연은 치유와 희망을 예술 효과로 증명해 준다. 예술의 동력은 아름다움 이전에 고통 에너지를 먹으며 생성되는 깨우침이란 점이 증명된다. 그의 은은한 기타 선율과 담백한 사진작업 이미지를 통해 바로 그런 깨우침이 전달된다. (2018. 10. 23)

기록 예술의 매혹

〈바르다가 사랑한 얼굴들〉

거리에 나서면 여러 얼굴들을 만난다. 벽보와 현수막이 넘쳐나는 선거철에는 더욱 그렇다. 누군가의 얼굴 이미지로 지역 살림꾼을 선택해야 하는 이 시기에 얼굴을 화두로 내건 독특한 다큐를 스크린으로 만날 기회가 생겼다. 얼굴과 거기에 스며든 기억, 그것을 사진 이미지로 거리에 전시하며 시골마을을 떠도는 로드 다큐 〈바르다가 사랑한 얼굴들(Faces Places)〉(2017)이 바로 그 작품이다.

노장 감독과 거리 예술가의 예술놀이 여행

현대 영화의 물꼬를 튼 누벨바그 출신의 노장 감독 아녜스

〈바르다가 사랑한 얼굴들〉 포스터

바르다(Agnès Varda)와 거리 예술의 혁명가 JR가 함께 만든 이 작품은 거리에서 우연히 만난 사람들이 참여하는 흑백 사진작업 과정을 생중계하듯 보여 준다. 이들은 트럭을 타고 도시에서 떨어진 시골마을을 다니며 그곳 사람들의 기억, 특히 빛바랜 사진을 보며 흘러나오는 과거의 흔적들을 거리 풍경으로 만들어내는 예술 작업의 일상화를 실천한다. '인사이드 아웃 프로젝트(inside out project)'라고 쓰인 카메라가 그려진 트럭은 즉석촬영과 대형출력이 단번에 이루어지는 움직이는 '포토 아틀리에'다.

갈수록 시스템 변화가 격렬한 21세기 초, 세대 차이 파장이 큰 대도시 중심에서 소외된 세상 한구석, 주로 노인들이 살아가는 마을은 기억을 담아내는 노스탤지어 전시장이기도 하다. 그 마을에서 오랜 세월 생업에 종사해 온 사람들의 회고담에서 아이디어를 얻어 사진작업으로 소화해내는 그들에게 "세상은 캔버스이고, 거리는 곧 갤러리이다." 이들은 방방곡곡 누비며 마을 사람들과 함께 얼굴 사진으로 마을 풍경을 즉각적으로 바꾸는 예술놀이 공동작업으로 일상에 즐거움을 선사한다.

철거를 앞둔 북부 탄광 마을에서는 사라진 직업이 돼버린 광부들의 과거사 기억이 사진 기록의 핵심이다. 하루에 갱목 150개를 세워야 하는 고달픈 노동, 그래도 가족 대대로 해온 광부로서의 일상적 기억은 여전히 자부심 속에 피어난다. 그 결실로 황폐해진 건물들은 복원된 광부시절 사진들로 포장된다. 특히 자닌 할머니는 광부의 딸로서의 자존감을 지키며 (남들은 이해 못해도) 최후의 저항자로 그 마을, 자신의 집에 남고 싶다는 속내를 토로한다. 오랜 삶의 희로애락이 주름진 연륜으로 드러나는 그녀의 흑백 얼굴사진, 그것으로 단장된 낡은 집은 멋진 박물관처럼 보인다. 집채만한 자신의 얼굴 이미지로 두른 집 풍경을 보며 자닌은 감동에 젖어 할 말을 찾지 못한다. 그런 그녀와 정겨운 포옹을 나누며 예술놀이로 친구가 되는 멋진 우연의 힘을 보여 준다.

노르망디에 있는 '항구'란 뜻을 가진 '르 아브르(Le Havre)'도 찾아간다. 바르다 감독은 이곳은 여행 취지에 맞지 않는다고 반대했지만, 이젠 한물간 지역이기에 이곳도 시골마을이라고 우기는 JR의 주장을 융통성 있게 수용한다. 남성노동 중심의 항구에서 바르다 감독은 "왜 여자들은 안 보이나요?"라고 묻는다. 그들의 아내나 보조적 일로 가려진 여성들을 찾아낸 바르다 감독은 여성 주체를 드러내는 영화를 만들어온 자신의 젠더 평등 기질을 발휘한다. 여성으로선 유일한 대형 트럭 운전기사인 한 여성과 다른 두 여성은 얼굴 중심이 아닌 전신사진 작업에 흔쾌히 참여한다. 바다를 마주한 공간에 곤돌라로 7층 높이 대형 컨테이너들을 쌓아 사진을 붙일 전시장 설치에 들어간다. 커다란 자신의 전신 사진의 심장부위 빈 공간에 앉은 이들은 예술로 바뀐 시점을 이렇게 토로한다. "자유로움을 느껴요!", "지배하는 느낌이에요. 제가 커지고 강해진 것 같아요!"라고.

늘 떠날 준비가 되어 있다고 밝힌 구순의 바르다 감독이 지팡이를 짚고 걸으며 손자 같은 거리 예술가 JR와 동행하는 예술놀이 여행. 그것은 차이의 공존으로 다양성의 미학을 전해 준다. 시야가 침침해진 바르다 감독은 JR에게 장막 같은 선글라스를 벗어 보라고 수차례 요구해도 그는 취향의 다양성론을 펼친다. 이렇게 티격태격하면서도 서로의 기질 차이를 인정하며 동행하는 여정! 따로 또 같이 가는 그런 인생길의 한 대목을 로드 다큐로 즐겨 보길 권한다.

(2018. 6. 12)

#미투 파장의 열기

<노스 컨츄리>

지난주 광주에 강연하러 갔던 길에 송정역 근처 시장에 들렀다. 그때 동행해 줬던 고마운 지인이 한 골목길에서 "이곳은 직업여성들이 살던 곳"이라고 소개해 주었다. 그 말을 들으며 "저도 직업여성인데요"라고 답했다. 순간 우리는 세월 따라 흐르는 언어 변화를 느끼며 같이 웃었다. 실제로 '직업여성'은 "주로 유흥업에 종사하는 여성을 완곡하게 이르는 말"이라고 『표준국어대사전』에서 여전히 설명하고 있다.

한파를 뚫고 직업여성들이 당한 직장 내 성폭행 고발이 사회 전 분야로 퍼져나가고 있다. 민망하고 버거워도 SNS를 타고 퍼져나가는 #미투 파장은 성 평등 사회로 가는 청신호이다. 부당하게 당한 피해를 고발해도 그에 대한 적법한 조사와 처벌을 못해 온 관습적 병폐도 드러나는 중이다.

가해자는 잘 나가고 피해자는 박해받고

서지현 검사의 성추행 폭로 사건은 이런 관습적 병폐의 정황을 보여 준다. 그녀는 검찰 내부망에 올린 글에서, 자신의 고백을 '극단적인 과격한 방법'이라고 설정한 뒤, 관점 변화 과정을 설명해 나간다. "거대한 권력을 거머쥐고, 어떠한 짓도 서슴지 않는 그들, 정권이 바뀌어도 항상 코어 1%의 흔들리지 않는 위치를 차지하고(…) 힘없고 빽 없는 일개 검사의 절규 따윈 비웃으며 무시하는 그들"이라고 검사 집단의 정체성을 묘사한다. 검찰국장의 성추행 사실을 알려도 주위 사람들이 말리며 했던 말도 인용된다. "지금 떠들었다가는 그들은 너를 더더욱 무능하고 문제 있고 이상한 검사로 만들어버릴 것이다." "입 다물고 그냥 근무해라."

특권층 내부 비리를 폭로하며 화제를 모았던 범죄 스릴러 〈내부자들〉(우민호, 2015)의 한 대목을 보는 것만 같다. "돈 없고 빽 없으면 나가 뒈지세요. 참 좋은 나라야, 대한민국"이라고 했던 우장훈 검사(조승우)의 대사와 자연스럽게 이어지는 봉건적 위계질서가 적나라하게 드러난다. 현실을 자양분으로 삼는 허구적 상상력의 메커니즘이 새삼 확인되는 순간이다.

묵묵히 일하며 체념하기도 했던 그녀는 가해자는 잘 나가고, 피해자는 박해받는 8년의 아픔을 토로한다. 자신의 순진무구함을 뉘우치며. #미투운동에 자극받아 또 다른 피해 방지를 위해 공론의 장에 들어서는 용기를 낸 것이다. 정의를 집행해야 하는 검사조직의 부정의한 작동방식이 실화로 들통나 버린 셈이다. 위기에 처한 검찰은 '성추행사건 진상규명 및 피해회복조사단'을 출범시켰고, 법무부는 '성희롱 · 성범죄대책위원회'를 구성했다. 국가인권위원회도 검찰 전반에 걸친 성희롱 · 성폭력 문제를 최초로 직권조사하기로 의결하면서, 남성 위주 조직 문화적 특성을 지적하고 있다.

남녀유별이 남녀차별로 해석되고 피해자 여성을 꽃뱀에 비유하는 낡은 관습으로부터 벗어나 21세기 성 평등 관계망으로 변화해 가는 파장이 예감된다. 그런 희망을 안고, 1984년 미국 최초의 직장 내 성폭력 승소사건인 '젠슨 대 에벨레스 광산'을 영화로 담아낸 〈노스 컨츄리〉(니키 카로, 2005)를 다시 보면서 피해자이거나 피해자와 연대하는 분들께 강추하고 싶다.

한 여성의 위대한 승리가 세상을 바꿨다!
노스 컨츄리

〈노스 컨츄리〉 포스터

<노스 컨츄리>, 미국 최초 직장 내 성폭력 승소사건

조시(샤를리즈 테론)는 폭력 남편과 이혼한 후, 두 아이를 데리고 고향인 미네소타 북부로 돌아온다.(미네소타 주는 알래스카 주를 제외한 미국 본토에서 가장 북쪽에 위치한 주란 점에서, 영화 제목을 또 다른 '가부장 나라'로서 '노스 컨츄리'라 붙인 듯하다.) 아이들 생계도 책임진 조시는 광산에 취업한다. 전통적으로 남성 직장이었던 광산이 철강에 치여 쇠락해 가는 중인데다 여성까지 들어와 일자리를 빼앗긴다고 생각한 남성들은 여성을 동료로 대하지 못한다.

탄광벽에 난무하는 여성폄하적 음담패설 낙서와 농담

도 그들에겐 일상적 스트레스 해소책으로 작동한다. "그런 농담도 소화해내는 '유머 감각'을 가져야 한다."라고 조시를 훈계하기도 한다. "남자가 그럴 수도 있지, 뭐…." 하며 서로 봐주는 '그들만의 세상'이다. 그 와중에 갱도에서 강간당한 조시는 사장과 노조에 성폭력을 고발하고 해결책을 호소하지만 그 누구도 그녀의 말을 들어주지 않는다. "얼굴에 철판 깔고 견뎌야지 저항하면 쫓겨난다"고 충고하는 여성 동료는 성추행을 당했어도 침묵을 선택한다.

그러나 침묵을 깬 조시는 불량한 꽃뱀이란 풍문에 시달리며 충격 받은 아이와의 갈등으로 2차, 3차 피해를 당한다. 그런 고통을 디딤돌 삼아 더욱 용감해진 조시는 도시에서 실패를 겪고 귀향한 변호사 빌(우디 해럴슨)과 함께 직장 내 성차별 집단 소송을 처음으로 제기하게 된다. 그 용기에 자극받은 소수 동료들, 특히 루게릭병을 앓는 글로리(프란시스 맥도맨드)가 온몸으로 증언하는 법정 장면은 연대의 힘을 보여 준다. 그 승리의 기록은 #미투 파장처럼 국경을 넘어 성평등 사회로 가는 방향성을 제시해 준다. (2018. 2. 6)

경쟁을 넘어 고독과 친구 되기

〈괜찮아요, 미스터 브래드〉

거리, 지하철, 엘리베이터…. 어디서나 사람들이 휴대폰으로 SNS에 접속하는 모습은 일상적 풍경이다. 이렇게 공기처럼 퍼진 소셜미디어 소용돌이에 휘말려 든 중년 남성이 고뇌에 사로잡혀 갈등하는 영화가 등장했다. 〈괜찮아요, 미스터 브래드〉(마이크 화이트, 2017)에서 브래드(벤 스틸러)는 '카페인 증후군'(카카오톡, 페이스북, 인스타그램 앞 글자를 딴 신조어)에 시달린다.

SNS에 뜬 성공한 동창의 모습에

20여 년 전, 보스턴에 있는 명문대학을 졸업한 브래드는 현

〈괜찮아요, 미스터 브래드〉 포스터

재 비영리단체에서 공익적 일을 하며 평범하게 살아간다. 그런데 그가 SNS로 찾아본 동창들은 물질적 자본에서 그를 압도한다. 이를테면, 백악관에서 일한 경력에 베스트셀러 작가이자 하버드대 겸임 교수도 하는 동창, 헤지펀드로 거부가 된 동창, 일찍이 큰돈을 벌고 은퇴해서 젊은 여성과 하와이에서 사는 동창도 있다. 이렇게 한때 같이 공부했던 동창들은 대부분 성공해서 잘 사는데, 그는 명분 있는 일을 하지만 돈을 많이 벌지 못해, 닥쳐올 아들 대학 학비를 걱정하며 열등 콤플렉스에 빠져든다.

빠르게 변하는 삶의 속도를 따라잡으며 SNS 과잉 정보에 휘말려든 브래드는 정보화 혁명시대 만인의 자화상처럼 보인다. 영화의 원제목 'Brad's Status'(브래드의 사회적 지위)에서 짐작할 수 있듯, 그는 신자유주의 경쟁에서 뒤처진 자신의 사회적 지위에 패배감까지 느낀다. 그 와중에 음악 재능이 있는 아들이 하버드대학에 입학하면 보상받을 것이라는 희망을 갖기도 한다. 그런데 보스턴 거리의 악사를 보며 음악 재능만으론 돈 벌기 힘든 아들의 앞날도 걱정된다. 이렇게 희망과 절망 사이를 오가며 그는 자본 소유 규모에서 성공한 동창과 자신을 끊임없이 비교한다.

그러나 그는 SNS에 뜬 동창들의 화려한 삶의 이면을 조금씩 발견하면서 그들과의 경쟁을 넘어 자신을 외롭게 성찰하는 탈주를 시도한다. 남들이 자신을 패배자로 여길까 전전긍긍하는 그를 부끄럽게 여기던 아들은 이렇게 말한다. "다들 자기 자신만 생각하니까. 아빠를 진심으로 생각하는 건 나뿐이야." 굳이 부자관계가 아니더라도 수많은 사람 속에서 자신을 성찰하는 나 홀로의 인생길이 와 닿는 순간이다.

세상과 접속하며 고독을 친구로

이렇듯 무한 정보 접속이 가능한 SNS 시대, 자기 자신과의 관계는 본질적 토대로 작동한다. 압축 성장을 해온 한국인의 집단무의식에는 대가족 관계를 중시하며 외로움을 꺼리는 관습이 그 잔영을 드리우고 있다. 유독 세대 차이가 심한 이유도 그 여파일 것이다. 그럼에도 불구하고 혼자 즐기는 욜로(YOLO)식 생활양식은 자신에게 몰입하는 삶의 방식으로 뜨고 있다. 먹기, 영화 보기, 여행가기를 일컫는 신조어, 혼밥, 혼영, 혼행 등은 SNS 정보와 접속하며 혼자 삶을 즐기는 현상이다. 4인 가족을 넘어 빠르게 증가하는 1인 가구 통계가 보여 주듯이, 1인 중심 용품이 '1코노미'란 신조어를 파생시키며 번창하는 중이다(2015년 통계청 발표에 따르면, 1인 가구는 전체의 27.2%를 차지하며, 18.8%를 차지하는 4인 가구를 넘어섰다).

때론 '외로움'을 부정적으로, '고독'을 긍정적으로 나누어 다르게 해석하기도 하지만, 외로움과 고독은 유사어이기도 하다. 정보화 시대 이전에도 〈나의 고독(Ma Solitude)〉이란 상송으로 세계적 인기를 얻은 음유시인 조르주 무스타키의 노랫말처럼, 고독과 함께 잠을 자기에 고독은 연인 같고, 그림자처럼 믿을 만한 친구로 나를 따라다니기에, 내 자신이 나의 가장 친한 친구임을 보여 준다. 고독한 산책이 사상가를 길러내는 것도 그런 이치일 것이다. 독일의 저술가 마리엘라 자르토리우스는 "외톨이는 혼자의 삶에서도 대가이지만 늘 사람에 대한 호기심을 잃지 않는 적극적인 관찰자"(『고독이 나를 위로한다』에서)라며 고독을 권한다. 임재범의 노래 〈비상〉에서도 "고독이 꼭 나쁜 것은 아니야/ 외로움은 나에게 누구도 말하지 않을/ 소중한 걸 깨닫게 했으니까."라고 노래하며, 고독과 외로움을 기쁘게 수용한다. 세상과 무한 접속하는 4차 산업혁명의 파고를 타며 고독을 친구로 삼으며 거기서 깨닫는 기쁨은 내가 나에게 주는 선물인 셈이다. (2017. 9. 19)

아픔을 알리는 기록의 힘

<택시운전사>

"오늘 밤 우연히 라디오를 켤 때/ 당신의 목소리가 흘러나오고/ 잊은 줄 알았었는데/ 잊혀졌다 했는데/ 당신은 노래를 만들었네요… 부르지 마 부르지 마 옛 노래를/ 하고픈 말이 있어도… 추억은 남아 있잖아."(김목경 작사·작곡, <부르지 마>)

해질녘 라디오를 켜니 이 노래가 나온다. 라디오 듣기는 내 취향이니, 우연히 라디오를 켰던 것은 아니다. 그런데 라디오를 켜자마자 이 노래가 흘러나오고 그걸 따라 부르노라니 우연의 필연적 효과란 생각도 든다. 〈택시운전사〉(장훈, 2017)를 보고 온 후라 더욱 그럴 것이다. 지난 며칠간 따라잡은 영상활동가 박종필의 다큐멘터리들도 연상효과로 오버랩 된다. 옛 노래를 부르지 말라고 하지만, 그건 오히려 기억의 힘을 기리는 반어법적 주문처럼 들린다.

큰 길 막혀도 샛길 있기에

〈택시운전사〉는 5 · 18 민주화 운동을 외부자 시선에서 풀어낸 실화에 토대를 둔 영화다. 남산터널에서 열린 도입부는 정겹다. 라디오에서 나오는 조용필의 〈단발머리〉를 신나게 따라 부르며 차를 모는 개인택시 기사 만섭(송강호)이 코믹하게 소개된다. 그는 어린 딸의 아빠로 밀린 월세 10만 원을 갚기 위해 열심히 일해야 한다. 그런데 시위로 길이 막히니 답답해 미칠 지경이다. 그러던 차에 식당서 외국인 광주 왕복에 10만 원 받는다는 말을 우연히 듣고 새치기를 결행한다.

계엄령 상황에서 광주 전화는 끊기고, 진입로도 모두 막힌 상황에서 샛길 효력이 극적으로 발휘된다. 통제하는 군인에게 경례를 붙이며 "충성!"을 외치며 애국 국민임을 과시하면서도 만섭은 광주행을 포기하려 든다. 그때마다 돈독오른 그의 성향을 알아챈 독일기자 피터(토마스 크레취만)는 "노 광주? 노 머니!"를 외친다. "아이 베스트 드라이버"를 외치는 만섭의 단어 중심 영어 대사는 심각한 상황을 완화시키는 코믹소로 작동하기도 한다. 그러다 우연한 샛길 발견

〈택시운전사〉 포스터

으로 광주에 진입한 만섭은 툭하면 사우디 경험을 자랑한다. 그래서 영어도 잘한다고 과장하고, "데모나 하려고 대학 갔냐"며 살기 좋은 나라 탓하지 말고, 사우디 열풍 맛보며 고생 좀 해보라고 너스레를 떨기도 한다.

광주 상황이 살벌해지자 홀로 내빼려 했던 만섭의 우연한 동행은 점차 필연적 상황으로 진전된다. 그런 점에서 이 영화는 둘의 관계 양상에 초점을 맞춘 버디영화 양식을 보여 준다. 이들의 관계 양상은 티격태격하다가 연대관계로 진화된다. "사건이 있는 곳에 가는 것이 기자"란 피터의 목숨 건 소명의식과 그 실천을 목격하는 감회, 아픈 현실을 피하려다 진실에 직면하는 만섭의 변화가 극적 구성의 핵심이다.

광주의 아픔을 세상에 알린 기억 속에 광주에 묻히기를 소망했던 위르겐 힌츠페터(Jürgen Hinzpeter, 1937~2016) 기자의 유품이 망월동 구(舊)묘역에 안치돼 있다. 그런 기록과 기억의 파장이 영화로 만들어져 극장가 흥행돌풍을 일으키는 중이다. 붐비는 극장가 뒤에는 또 다른 샛길도 있다. 그것은 기록의 힘으로 고달픈 여정을 감행하는 독립영화의 길이다. 간암을 앓으면서도 아픈 줄 모르고 진도에서 영상기록을 하다가 세상을 떠난(지난 7월 28일) 박종필 감독의 인생 여정이 그 증명이다.

"병은 소문내야 낫는다"

그는 빈곤과 장애 다큐 작업에서 세월호 선체 조사작업에 이르기까지 길 위에 선 사람들의 일상을 기록해 온 영상활동가이다. '노숙인 복지와 인권을 실천하는 사람들'과 관계를 맺으며 그들과 함께 살면서 만든 〈거리에서〉(2007), 세월호 희생자 수습작업에 동행했던 잠수사 김관홍을 기록한 〈잠수사〉(2017) 등… 유튜브를 통해 공개된 그의 작품들을 따라잡으며 먹먹해진다. 그가 '세월호 3주기 프로젝트'를 기획하며 '망각과 기억'이란 부제를 붙인 것도 의미심장하다. "아픈 건 다 잊어버려"라는 말도 있지만, "병은 소문내야 낫는다"는 옛말도 있지 않은가.

기억을 기록하는 것은 아픔을 에너지로 삼는 예술 작업이다. 온몸과 맘으로 카메라를 들고 길 위의 인생 여정에 들어선 그의 유언은 "미안하다"이다. "그래서 남은 사람들을 더욱 미안하게 만들고 떠난 사람…. 그가 떠나는 길에 장례위원으로 함께 해주십시오"(인권재단 사람 박래군 소장 페이스북)라는 메시지가 이어진다. 유튜브로 보는 '인권사회장'이 펼쳐지는 광화문 광장을 울리는 〈잊지 않을게〉(윤민석 작사·작곡)가 가슴에 꽂힌다. 기록하며 기억하는 영상의 힘을 뜨겁게 느끼는 여름날이다. (2017. 8. 8)

금지곡의 부활

<화려한 휴가>와 <라 마르세이예즈>

지난 토요일, 평화포럼으로 떠난 익산과 변산반도 산책길에서 경이로운 전율을 맛보았다. "… 새날이 올 때까지 흔들리지 말자. 세월은 흘러가도 산천은 안다. 깨어나서 외치는 뜨거운 함성. 앞서서 나가니 산 자여 따르라." 산천이 트인 곳에서 신선한 공기를 마시며 잠시 쉬는데 일행 중 한 분이 이 노래를 선창했다. 그러자 너나 할 것 없이 우리는 같이 노래하며 기차놀이를 벌였다. 앞 사람 어깨 위에 두 손을 얹으니 사람 기차칸이 순식간에 만들어진다. 리듬을 타며 몸이 연대하며 유쾌하게 전진한다. 한번은 왼발로 바닥을 차며 뻗고, 이어 오른발로 바닥을 차며 전진하는 기차놀이를 끌어낸 이 노래는 동행한 우리 모두의 몸과 마음에 경쾌함을 전해 준다. 서울로 돌아오는 기차칸에서 동영상으로 이 장면을 일행과 함께 다시 보노라니 기록과 기억의 의미가 온몸과 맘에 찡하게 전해 온다.

억압을 뚫고 터져 나오는 노래의 힘

2009년 이후 종북 시비에 몰려 수난을 겪었던 〈임을 위한 행진곡〉이 이렇게 경쾌하게 들리다니! 2002년 월드컵 응원가로도 불렸던 국민통합의 노래조차 불편했던 권력이 검열했던 기억. 그러나 곧 다가올 5월 18일엔 적폐청산의 신호탄처럼 이 노래가 제창될 것이다. 억압의 기억을 뚫고 터져 나오는 예술의 힘이다.

이 노래는 나에게 1980년, 서울역 광장과 최루탄으로 얼룩진 숨 막힘의 기억, 그리고 〈화려한 휴가〉(김지훈, 2007)의 장면들을 떠올리게 해준다. 영화는 광주지역의 일상적 풍경 속에 들이닥치는 신군부의 참혹한 학살극을 그려낸다. 전선에 배치됐던 공수부대원들은 명령에 따라 남쪽으로 내려가는 이변에 황당해하면서도 시민을 폭도로 몰아 총격을 가한다. 금남로 참극을 목격한 시민들은 시민군 민주투사로 변한다. 그런 투쟁 속에서 울려 퍼지는 〈임을 위한 행진곡〉은 이 영화의 주제곡으로 작동한다.

노래 한 곡으로 촉발된 감개무량한 마음은 수난을 겪은 지구촌 다른 곳의 또 다른 노래를 연상시킨다. 바로 프랑스 국가 〈라 마르세이예즈(La Marseillaise)〉이다. 이 노래는 1789년 시작된 혁명의 열기에 힘입어 출정하는 프랑스 북부 라인 강 지역 지원병을 위해 스트라스부르에서 만들어진 〈라인 군을 위한 군가〉였다. 그런데 지중해 연안 남부 마르세이유 지원병이 이를 힘차게 부르며 파리로 행진해 오면서, 곡목이 〈라 마르세이예즈〉로 바뀐 것이다. 이 노래는 국민통합의 상징이 되어 곧 프랑스 국가로 정해졌다. 그러나 불편함을 느낀 나폴레옹, 부르봉 왕조 권력의 검열로 금지됐다가 1879년에 다시 국가로 복원되었다.

노래에 실려 퍼져나가는 파장

이 노래는 여러 영화에서 마술적 힘을 발휘하는 메타포로 사용된다. 제2차 세계대전을 배경으로 한 〈카사블랑카(Casablanca)〉(마이클 커티즈, 1942)에 나오는 명장면이 그렇다. 옛 연인 일리자(잉그리드 버그만)의 (죽은 줄 알았던) 남편의 탈주를 돕는 멋진 남자 릭(험프리 보가트)의 고뇌가 인상적인 릭스 카페의 한 장면이다. 독일군 점령 모로코에서 독일 장교가 카페 악단에게 독일 군가 연주를 지시한다. 그러

〈화려한 휴가〉 포스터

자 프랑스 레지스탕스 청년이 분노하며 악단에 〈라 마르세이예즈〉 연주를 청한다. 노래가 연주되자 카페에 있던 프랑스인이 모두 일어나 열정적으로 노래한다. "가자 조국의 아이들아! 영광의 날이 왔다. 우리에 맞서 압제가 피 묻은 깃발을 들었다… 무리를 지어라. 전진하자! 전진하자!"

〈위대한 환상(La Grande Illusion)〉(장 르누아르, 1937)의 배경인 포로수용소에서도 이 노래는 역동적 힘을 발휘한다. 축구영화의 명작으로 꼽히는 〈승리의 탈출(Victory)〉(존 휴스톤, 1981)에서는 이 노래가 나치로부터의 탈출극에 도움을 준다. 〈라 비 앙 로즈(La Môme)〉(올리비에 다한, 2007)에서도 어리고 가난한 에디트 피아프가 거리에서 돈벌이로 이 노래를 부르는 장면은 아프게 다가온다. 행인들의 공명을 끌어내고 작은 참새인 가련한 자기 자신도 격려하는 효과가 발휘되었기 때문일 것이다.

노래하며 몸과 마음에 리듬을 탄 떨림을 주며 퍼져나가는 경이로운 파장! '앞서서 나가니 산 자여 따르라'라는 외침은 '무리지어 전진하는' 현재진행형 역사 만들기 파장을 세상에 전파하는 중이다. (2017. 5. 16)

‘단순한 진심’으로 세상 보기

〈다음 침공은 어디?〉, 〈테레즈의 삶들〉

날이 갈수록 다큐멘터리는 매력적인 매체로 세상을 떠다닌다. 오늘날 극영화처럼 표를 사고 보는 다큐는 오래전 극장에서 틀어주던 국책성 계몽도구 다큐로부터 엄청난 진화를 보여 준다. 이 가을 단풍과 함께 날아온 다큐들을 극장에서 보노라니 부조리한 세상으로부터 탈주하는 즐거움과 함께 용기를 얻는다.

풍자적 다큐에서 탈주의 즐거움을

〈다음 침공은 어디?(Where to Invade Next)〉(마이클 무어, 2015)는 미국의 문제를 추적하는 기발한 다큐이다. 강대국 미국이 세계평화를 내걸고 전쟁을 벌이면서도 패하기만 하자 펜타곤 장성들이 중대한 회의를 연다. 그 해결사로 무어를 임명하는 결정을 내린다. 풍성한 체구에 야구 모자, 장난기 넘치는 표정의 그는 미국보다 좋은 제도를 가진 나라를 침공해 그 비밀을 탈취해 오는 탐험에 나선다.

경쟁하려고 사는 게 아니라, 즐겁게 살려고 8주 유급휴가를 누리는 이탈리아 노동자들, 같은 비용으로 햄버거 식판의 미국 학교 아이들과 달리 코스 요리로 미식을 즐기는 프랑스 학교 아이들, 돈 안 내는 슬로베니아의 대학들, 하여 학비가 비싼 등록금 융자 대신 유럽 유학을 택한 미국 청년들을 마주치기도 한다. 시민투쟁으로 독재자를 물리친 튀니지는 이슬람 전통에도 불구하고 '남녀평등'을 만들어가고 있다. 헌법 개정으로 여성인권 혁신을 이루어, 보건소에서 피임약과 낙태 시술을 지원한다. "여성이 자신의 삶을 통제할 수 있게 한다"는 원칙, 즉 여성의 자궁은 여성의 것이기에 이루어진 변화다.

이렇게 여러 나라를 돌며 엄청 부러운 제도와 그 효과를 다양한 인터뷰들과 취재를 통해 파악한 무어는 그 자리에 성조기를 꽂고 인증 샷을 남긴다. 그 와중에 이런 좋은 제도를 만드는데 미국인 전문가의 도움을 받았다, 라는 고백을 듣기도 한다. 그렇다면 왜 미국은 다수 약자를 위한 좋은 제

〈다음 침공은 어디?〉 포스터

도를 실행하지 않는 것일까? 권력 집단의 이런 비열함과 위선으로부터 무어 스타일의 다큐가 가능하다.

바로 이런 대목에서 북유럽의 궁핍한 삶을 그린 〈정복자 펠레(Pelle The Conqueror)〉(빌 어거스트, 1987)가 떠오른다. 19세기 말 산업혁명기를 배경으로 급변하는 환경 속에서 늙은 아버지와 굶어 죽을 정도로 고달픈 삶을 영위하는 소년 펠레의 꿈은 미국으로 건너가 풍요롭게 사는 것이었다. 〈마지막 웃음(The Last Laugh)〉(F. W. 무르나우, 1924)에서도 미국 부자의 유산으로 빈곤을 극복하는 독일 호텔 안내원을 보여준다. 이렇듯 일할 기회의 평등과 자유, 풍요로움을 향한 아메리칸 드림이 통했던 시절도 있었다. 그러나 오늘의 미국은 내놓고 인종차별적 발언을 하는 대선 후보가 나올 정도로 이상해졌다. 이런 부조리의 틈새를 파고 들어간 무어는 관객에게 풍자의 묘미를 전해 주는 고발 다큐로 일가를 이룬 셈이다.

크라우드 펀딩으로 피어난 다큐의 힘

10회를 맞이한 여성인권영화제의 개막작 〈테레즈의 삶들(The Lives of Therese)〉(세바스티앙 리프시츠, 2016)은 68혁명 이후 완전히 다른 삶을 살아온 테레즈 클레르크를 만나게 해 준다. 죽음을 말하지 않는 세상 풍조에 저항하며 '삶-죽음'을 횡단하는 기록을 남기고픈 그녀의 요청으로 기획된 다큐이다. 죽음을 앞둔 그녀의 삶을 이야기하는 네 자녀는 대화 중 이렇게 자백한다. "네 엄마는 내 엄마와 다르다"라며 웃다가 울기도 하면서 대화가 이어진다. 모범적인 주부에서 공동체적 삶의 전사로 변화한 그녀는 임신중단권부터 성 평등, 성 소수자 인권운동도 하는 열정적인 페미니스트 인생길을 걸어간다. 즉 하나의 인생길에서 다른 인생길로 바꿔 탄 것이다. 죽음에 직면한 그녀는 자신의 인생들과 투쟁, 사랑을 솔직하고 담대하게 돌아보며, "투쟁은 과격하게 삶은 단순하게"의 묘미를 전해 준다.

이 땅에서도 표현의 자유를 상대적으로 누리는 독립 다큐들이 왕성하게 제작되고 있다. 최근 개봉한 〈자백(Spy Nation)〉(최승호, 2016)은 분단 현실을 정치적으로 이용하는 간첩조작의 진실을 추적해 나간다. 2012년 탈북한 화교 출신 유우성 씨는 동생의 '자백'을 통해 간첩으로 몰린다. 결국 2015년 대법원에서 국가보안법 위반 혐의 무죄 선고로 판결이 난 이 사건의 음모가 한국, 중국, 일본, 태국을 넘나든 40여 개월에 걸친 추적을 통해 밝혀진다. 황당하고 어이없어 보이는 현실에서 진실을 추적해 나가는 다큐의 마지막 자막에 줄줄이 이어지는 1만 7천여 명의 이름, 그것은 크라우드 펀딩으로 피어난 다큐의 힘을 '단순한 진심'으로 전해준다. (2016. 10. 25)

관계의 미학

<우리 생애 최고의 순간>

"무지하게 덥네요.", "단군 이래 최대 폭염이라네요." 요즘 주고받는 인사는 나날이 기록 경신에 들어간 폭염 탄식으로 넘쳐난다. 그러던 와중에 만난 올림픽 이미지 몇 장은 인류가 온난화시켜 버린 지구촌에서도 살아낼 희망과 용기를 보여 준다.

리우 올림픽 광장, 8월 17일 육상 5,000미터 경기 예선에서 두 여성이 보여 준 관계의 미학은 자매애의 뭉클함을 전해 준다. 니키 햄블린(뉴질랜드)이 결승선 약 2,000미터를 앞두고 발이 꼬여 넘어진다. 바로 뒤에서 달리던 애비 디아고스티노(미국)가 쓰러진 햄블린에 걸려 넘어진다. 먼저 일어난 디아고스티노가 햄블린에게 다가가 이렇게 말했다고 통신이 전해 준다. "일어나. 우리 둘 다 완주해야지." 디아고스티노는 햄블린을 부축해 일으켜 세워 같이 달린다. 잠시 후 디아고스티노가 주저앉는다. 이번엔 햄블린이 달리기를 멈추고 디아고스티노에게 다가간다. 이번엔 햄블린이 디아고스티노를 잡아 주며 함께 달릴 수 있을 때까지 기다리며 같이 완주하자고 권한다.

"일어나! 우리 둘 다 완주해야지!"

햄블린은 16분 43초 61로 29위, 디아고스티노는 17분 10초 02로 30위로 완주해낸다. 이 우발적인 아름다운 자매애를 목격한 관중은 꼴찌에게 기립 갈채를 보낸다. 먼저 도착한 햄블린은 디아고스티노를 기다렸다 포옹한다. 둘이 함께 해낸 것이다. 이 순간, 두 여성의 표정은 엄청난 연대의 감동을 보여 준다. 이 글을 쓰며 이들 표정을 바라보노라니 눈물이 나온다. 감동의 눈물은 바로 이런 것이라는 느낌이 온몸의 감각망을 타고 퍼져나가는 것만 같다.

연이어 놀라운 반전이 발생한다. 이 모든 장면을 현장에서 목격한 심판은 넘어진 것이 고의가 아니기에 두 선수 모두에게 결선 진출이라는 올림픽 정신으로 화답한다. 걸림돌이 디딤돌이 되는 놀라운 반전의 미학이 증명된 셈이다. 햄블린은 이 멋진 우연을 이렇게 밝힌다. "내가 넘어졌을 때 디아고스티노가 도움의 손길을 뻗었다. 정말 고마웠고 그녀에게서 올림픽 정신을 봤다. 나는 결코 이 순간을 잊지 않을 것"이라고. 이들이 따로 달리다 번갈아 주저앉고 서로 격려하며 같이 완주하는 모습은 세계 언론을 타며 찬사를 불러일으킨다.

올림픽위원회에서도 트위터에 바로 이 이미지를 올리며 "올림픽에선 항상 승리만 중요한 것은 아니다."라고 덧붙인다. 올림픽은 경쟁해서 홀로 메달을 따는 것이나 메달 수 집계로 국가 순위 매기는 것이 목표가 아니다. 그것보다 지구촌 화합과 평화로운 교류라는 것이 증명된 또 다른 감동의 이미지도 있다. 로이터 통신이 보도한 사진 한 장에는, 한국의 기계체조 이은주와 북한 기계체조 홍은정이 등장한다. 이들이 경기장에서 만나 반가워하며 상큼한 미소를 보인다. 서로 몸을 가까이하며, 한 손을 길게 뻗어 셀카 찍는 모습은 이심전심의 경지를 보여 준다. 분단 상황에서도 남북한 체조선수가 함께 만난 것을 기념하며 같이 사진을 찍는 모습, 그것이 바로 올림픽 정신이란 것을 구체적 상황을 통해 보여 준다.

〈우리 생애 최고의 순간〉 포스터

홀로 있음과 함께 하기 사이를 오가며

한국 여자 배구 대표팀의 이미지도 기쁨을 준다. 팀 닥터도 없고 공식 통역사도 없는, 남자 배구팀만큼 지원을 못 받는 힘든 상황에서도 8강에 진출하며 코트를 새처럼 나는 모습은 〈우리 생애 최고의 순간〉(임순례, 2008) 영화 이미지를 떠올리게 해준다. 2004년 아테네 올림픽에 참가했던 여자 핸드볼 선수들이 서로 격려하며 코트를 누비는 모습은 비인기 종목으로 열악한 환경에 시달리면서도 같이 뛰는 연대의 힘을 보여 준다.

폭염에 시달리는 분단된 한반도에서 날아간 스포츠 전

사들이 보여 준 이런 이미지는 온난화에 대처하는 지구촌 환경운동을 같이 할 수 있다는 희망을 전해 준다. "인생길 가기는 홀로 있음과 같이하기 사이를 오가는 셔틀과 같은 것"이라고 했던 알베르 카뮈의 인생 여정에 대한 통찰력이 번뜩 머리를 스치고 지나간다. 따로 또 같이 오가며 지구촌 연대를 생성하는 관계의 미학을 목격할 수 있음에 감사하며 폭염 속에서도 살아갈 용기를 얻는다. (2016. 8. 23)

걸림돌이 디딤돌로

<오베라는 남자>

연구실 한구석, 작은 냉장고 옆에 컵라면이 놓여 있다. 제대로 밥 챙겨 먹기도 귀찮을 때, 불량식품 특유의 맛으로 출출함을 달래려 준비한 간식이다. 학교 복도 구석에 놓인 커다란 휴지통이나 그 옆에 버려진 일회용 컵라면 빈 그릇들도 친근한 일상풍경이다. 이렇게 일상을 구성해 온 익숙한 컵라면도 오늘 같은 날에는 새삼 다른 의미로 다가온다.

내몰린 청년과 잇따른 사건들

지난 5월 28일, 지하철 슬라이드도어를 수리하던 한 청년이 사라지며 남긴 소품들. 드라이버 같은 작업도구 옆에 나란히 놓인 포장된 컵라면 이미지는 울컥하게 만드는 상징물로 마음에 꽂혀 온다. "19세, 컵라면, 두 단어에 울었다." "당신을 기억하겠습니다. 나는 또한 당신입니다." "비정규직은 혼자 와서 죽었고, 정규직은 셋이 와서 포스트잇을 뗀다."

2인 1조라는 작업 안전규정은 안 지켜도 1시간 이내 사고현장 도착 규정을 지켜야만 하는 부조리는 왜 반복되는 것일까? 부조리로 점철된 아픈 일상에 공명하는 수천 장의 쪽지 몽타주 잔영이 눈에 밟히는데 또 다른 날벼락이 떨어진다.

지난 6월 1일, 한 청년이 고층 아파트에서 투신하는 순간, 귀가중인 공무원에게 부딪혀 세상을 떠나는 동행자가 된 사건이 발생했다. 바로 이런 상황이 청천벽력이란 것일까? 팍팍한 인생길 빨리 떠나기로 결심한 청년이 남긴 글로 "본심이 아닌 주위 시선에 신경 쓰여서 보는 공무원 시험 외롭다."라는 대목을 접하니 마음이 얼얼해 온다. 단기간 내 동시다발적으로 벌어진 이런 상황은 남양주 지하철 사고, 강남역 살인사건으로 이어진다.

빠르게 달라지는 인공지능 세상 재편 속에 사라지는 직업들, 그런 와중에 부익부 빈익빈을 심화시키는 부조리한 취업난. 이런 난맥상 속에 해고 걱정 없이 정년을 채우는 공무원 시험에 청년들이 몰린다. 학교 게시판에도 여느 학생 자치활동보다 공무원 시험 대비 학원 광고물이 가득 차 있다.

청년들이 생성해낸 신조어 '헬조선'과 더불어 '문송합니다'(문과생이라 취업이 안 돼 죄송합니다), '인구론'(인문계 90%가 논다)과 같은 신조어의 뜻을 배우며, 인문계로 분류되는 영화전공인 나 같은 기성세대는 어떻게 살아갈 것인지 수시로 자문하게 된다. 유교적 이슬람 같은 기성세대 심리를 칭하는 '유슬람' 풍토, 하여 "나도 소싯적에 해봐서 아는데…." 같은 장유유서적 어른 대접받는 풍토는 더 이상 작동하지 않는다.

뛰어내리려던 오베, 돕다 보니 달라져

그런 와중에 만난 〈오베라는 남자(A man called Ove)〉(하네스 홀름, 2015)는 동명의 세계적인 베스트셀러를 각색한 영화로, 장년의 까칠남 오베를 통해 변이생성의 힘과 유머를 보여 준다. 고지식한 오베는 유일하게 마음을 터놓고 지냈던 아내의 죽음, 아버지의 죽음에 이어 평생직장이라 여겼던 철도회사에서 정리해고까지 당하자 살아갈 의욕을 잃는다.

우리가 이상적으로 여기며 부러워하는 북유럽 복지사회에서도 신자유주의와 이해타산 팽배한 일상이 펼쳐진다. 이제 그는 자살 기도를 한다. 근엄한 보수주의자답게 집안을

〈오베라는 남자〉 포스터

깨끗이 청소하고 정장 차림으로 천장에 줄을 내려 인생을 끝내려는 순간, 누군가 들이닥쳐 방해한다. 그래도 그는 포기하지 않고 인생 끝내기를 위한 또 다른 시도로 철도에 뛰어내린다. 그런데 하필이면 그 순간에도 다른 청년이 먼저 뛰어내린다. 오히려 그가 자신의 자살시도보다 먼저 청년을 구해내야 할 반전이 벌어진다.

그가 살아온 아늑해 뵈는 공동 주택단지도 자기 멋대로 사는 이웃들 천지다. 차량 진입금지 규정을 어기며 주택단지로 진입하는 공무원도 알고 보니 자신의 지위를 이용해 돈을 빼먹는 불한당이다. 그런 그에게 새로 이사 온 이슬람 여인은 자질구레한 일상의 도움을 요청해 온다. 냉정하게 물리쳐도 포기하지 않고 도움을 청하는 이웃의 성가심에 투덜대면서도 도와줄 수밖에 없는 고지식한 오베에게 슬슬 변화의 조짐이 피어난다. 그에겐 일상적인 할 일이 생긴 것이다. 오베가 난폭하게 쫓아내도 찾아오는 길냥이와의 관계 개선도 웃음을 준다.

오베의 삶의 폭이 넓어지면서 부당한 시스템에 분노하고 저항하며 공무원의 비리를 잡아내는 모습은 아이러니 효과를 통해 변이생성을 증명해낸다. 그는 살아갈 모든 희망이 사라진 허무한 인생여정에서 더러운 세상을 고쳐나가는 데 한몫하게 된다. 백인 장년 남성인 자신보다 약자인 이민 온 이웃을 돕는 그의 모습은 "개인적인 것이 곧 정치적인 것"이라는 저항을 통한 변화 과정을 생생하게 보여 준다. 그것은 그가 또 다른 자신을 생성해내는 자극과 용기를 얻는 과정이기도 하다. (2016. 6. 7)

그 많던 여공들은 어디에!

<위로공단>

여름 밤 길을 걷다 보니 구로아트밸리가 생생하게 떠오른다. 막 보고 온 다큐멘터리 〈위로공단〉(임흥순, 2015) 이미지에 자극받아 그런 것이리라. 포스터에는 하늘이 트인 황량한 곳에 눈을 가린 한 여성이 서 있다. 천천히 보면 그녀 뒤로 뭔가 작업하는 두 여성이 보인다. 컨베이어 벨트에서 일하는 여공일까? 그런데 그녀는 왜 눈을 가렸을까? 호기심이 촉발된다.

하늘이 트인 황량한 곳에 서 있는 눈 가린 여성

2009년 '여성주간' 기간 여러 지역을 돌아다니며 공연했던

〈위로공단〉 포스터

씨네콘서트는 힘들어도 즐거운 여정이었다. 그런데 구로아트밸리 콘서트 공연이 유독 다르게 다가왔다. 그간 내게 여공이 넘쳐나던 구로동 시절은 '호스티스 영화'를 통해 가늠했던 과거의 어두운 그림자 정도에 머물렀던 것 같다. 그런데 구로공단 그 자리, 여공들이 살던 바로 그곳이 이젠 '디지털단지'가 되어 막상 거기에 가서 공연하려니 먹먹해졌다. 자초지종을 모르는 무지한 자신을 책망하며 고민하다 평소 외우던 시 한 편이 떠올랐다. 고교 시절 글쓰기의 묘미를 일깨워주신 시인 문정희 국어 선생님의 「그 많던 여학생들은 어디로 갔는가」의 구절들이 이렇게 내 호기심의 물꼬를 터준다.

…

저 높은 빌딩의 숲, 국회의원도 장관도 의사도

교수도 사업가도 회사원도 되지 못하고

개밥의 도토리처럼 이리저리 밀쳐져서

아직도 생것으로 굴러다닐까

…

언제 읽어봐도 현실적 비애감이 울려오는 그 시를 교복 입은 졸업앨범 사진과 몽타주해서 읽으며, 여학생이 여공일 수도 있다는 내게 유리한 최면을 걸며 씨네콘서트를 치러냈다.

그런데 〈위로공단〉(임흥순, 2014)을 보노라니, 그 기억을 타고 얼굴을 수건으로 가린 여성들, 손으로 얼굴을 가린 여성들, 그녀들이 왜 얼굴을 가려야 하는지 탐구하고픈 열망이 피어난다. 다큐 도처에 그런 자극이 만발한다. 구로공단 여공의 일은 이제 캄보디아 여공들이 하고 있다. 열심히 일하면 잘살게 된다는 최면에 걸려 '타이밍' 먹으며 12시간 이상 일하며 고행길을 갔던 여공들은 이제 비정규직으로 폭넓게 이동한 흔적을 마주하게 된다.

유럽이나 미국 국적 비행기에는 튼튼해 보이는 바지 입은 여승무원도 있다. 그런데 왜 한국 국적 비행기엔 유독 여린 체구의 치마 입은 여승무원 다수가 감정 노동을 미적 노동으로 소화하며 지쳐 떨어지는지, 다큐를 보노라면 이해하게 된다. 마트에서 계산원으로 일하는 언니들도 가슴 저린 경험담을 토로한다. 결제 카드를 내던지는 손님도 있고, 또 어떤 손님은 데려 온 아이에게 "너 공부 안 하면, 이런 데서 일하게 된다"고 교육한다니. 이걸 전해 듣노라면 우리가 사는 이 땅의 인권 수준에 직면하게 된다.

얼굴을 가린 모든 이에게 위로와 용기를

임흥순 감독은 40년 봉제공장 '시다'로 일하신 어머니로부터 영감을 받아 세계 도처에 얼굴을 가린 모든 이에게 위로와 용기를 주고파서 이 다큐를 만들었다고 밝힌다. 그 결실로 탄생한 이 다큐는 "아시아 여성들의 노동조건과 관계된 불안정의 본질을 섬세하게 관찰한 수작"이라는 찬사를 받으며 세계 도처 미술관과 극장으로 파장을 펼쳐나가는 중이다.

분명 지금보다 더 처연하고 아팠을 일제 강점기, 최초의 대중가요로 유행가가 된 〈희망가〉로 장식하는 에필로그가 의미심장하게 다가온다. 하여 지금도 듣는다. 유튜브에 접속하면 여러 가수의 버전으로 들을 수 있다. "이 풍진 세상을 만났으니/ 너의 희망이 무엇이냐 (…) 담소화락에 엄벙덤벙/ 주색잡기에 침몰하랴/ 세상만사를 잊었으니/ 희망이 족할까."

절규하듯 한풀이처럼 불러 젖히는 〈희망가〉로 끝나는 이 작품은 제목처럼 한 세기를 넘어 오늘날에도 위로를 전해 준다. 위로 속에서 희망을 만들어내는 창조 놀이, 예술의 기술에 감사하며 여러분도 이 다큐를 만나보길 바란다. (2015. 8. 11)

분노로 탈주하기

<매드맥스>, <괴물>

태양은 뜨겁고 사방이 건조하다. 오래전 〈아라비아의 로렌스〉(데이비드 린, 1962)에서 봤던 싯누렇고 광활한 사막열풍에 날리던 장옷 이미지가 순간 떠오른다. 메르스가 유독 한국에서 빠르게 확산되는 것을 분석하기 위해 인천공항에 들어서는 사우디아라비아 전문가들 이미지를 접해서일까.

학교에도 열기 어린 바람이 분다. 마스크를 쓰고 수업에 참여하는 학생들도 있다. 누군가 기침을 하면 주변 사람들이 기이한 태도를 보인다. "재난영화가 현실로" 같은 기사가 난무하며 재난영화가 공공의 메타포가 되었다. "사상 최악의 바이러스가 대한민국을 덮친다!"란 문구를 내걸었던 〈감기〉(김성수, 2013)를 재평가하는 열기가 일어나고 있다. 영화와 현실이 오버랩 되면서, 개봉 당시 그 영화의 상투성을 비난했던 점을 메르스 재난사태에 빠진 현실 속에서 반성하는 글도 등장하고 있다.

재난 상황에 접속하는 <매드맥스>와 <괴물>

허나 극장가는 한산해졌다. 개봉을 연기한 영화들도 있다. 많은 사람이 모이는 곳을 피하기 때문이다. 그런 와중에 〈매드맥스: 분노의 도로〉(조지 밀러, 2015)는 막강한 성취를 보여 주고 있다. 현실을 바라보는 창인 영화 세상의 유사체험 매혹이 재난 코드에 점화된 것이리라.

핵전쟁으로 멸망한 미래 지구, "누가 미친 건지 알 수 없다. 나인지 이 세상인지"로 포문을 여는 이 작품은 막강한 독재자 임모탄이 가끔씩 조금 내려주는 물을 받아먹으며 사는 노예 같은 사람들의 비참한 풍경을 보여 준다. 임모탄을 지키는 워보이들은 맥스(톰 하디)를 끌고 다니며 피주머니로 활용하는 절대권력의 광신도 집단이다. 여기에 여전사 퓨리오사(샤를리즈 테론)가 등장한다. 우리는 물건이 아니라며 탈주하는 임모탄의 다섯 아내를 숨긴 채 퓨리오사는 분노의 탈주를 벌인다. 물이 있는 녹색땅을 찾아 나선 황사 속 탈주는 시청각을 사로잡는 액션 장면들로 펼쳐진다. 미친

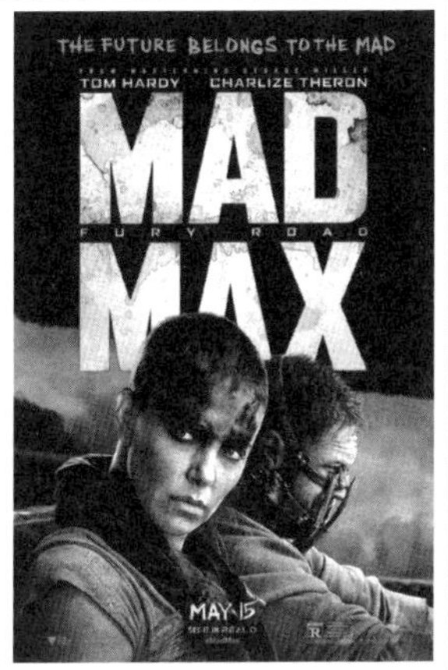

〈매드맥스〉 포스터

맥스보다 더 격정적인 소명감에 빛나는 여전사 이미지는 스크린을 흔들어버린다. 권력남에게 기생하는 인생길을 가던 다섯 여자가 투사로 진화해가는 과정은 약자들의 연대를 뜨겁게 보여 준다.

사회적 약자들의 연대는 〈괴물〉(봉준호, 2006)에서도 관건으로 작동한다. 지난 5월 말, 폭스뉴스에 따르면, "한국 내 탄저균 유출로 미 공군 5명, 미 육군 10명, 정부계약인 3인, 시민 4명, 총 22명 치료 중"이라고 한다. 한국의 미 공군기지에 보낸 탄저균 샘플의 존재를 미 국방부 고위관계자의 입을 빌어 보도한 것이다. 미군측이 먼저 토로한 탄저균 배달 소식은 〈괴물〉의 첫 장면을 연상시킨다.

2000년 2월 9일, 푸른 톤의 실험실에 두 남자가 서 있다. "미스터 킴, 나는 먼지가 제일 싫어요." 하며 상급자 백인이 김 씨에게 먼지 낀 병에 든 포름알데히드를 하수구에 쏟아 버리라고 지시한다. 그건 한강에 독극물을 버리는 것이라며 거부하자, 그는 이렇게 유연하게 명령한다. 한강은 크고 넓으니 마음을 한강처럼 넓게 갖고 쏟아 부으라고. 6년 후, 그 결과 '괴물'이 탄생한 것이다. 실제로 벌어진 2000년 미군의 한강 독극물 방류사건에 영감을 얻어 상상해낸 〈괴물〉은 다시 볼수록 우리 속 '괴물'을 폭로한다.

거짓으로 통제하는 권력, 자력 구제에 나선 가족

괴물 바이러스에 접촉하여 포획되었던 강두(송강호)는 전문가가 흘린 영어에서 '노 바이러스'를 알아듣는다. 거짓으로 통제하는 권력을 벗어나 자력구제에 나선 어리바리한 강두 가족의 탈주는 공포가 깃든 긴장감을 블랙코미디 코드의 유머로 흥미진진하게 전개된다.

'재난영화로 보는 재해현실' 강의를 준비하며 영화를 다시 보다 발견한 한 장면은 소름끼칠 정도로 현실감 있게 다가온다. 폐쇄된 원효대교 주변부 한구석, 노란 옷으로 방역 무장한 관리요원이 주위 눈치를 보며 슬며시 젖은 만 원권

지폐를 줍는다. 그런 모습은 세월호 선장의 행동을 떠오르게 만든다. 재난 상황에서도 눈치 보며 돈을 챙기는 요원은 곧이어 괴물에게 잡히지만, 현실에서는 그런 명확한 처리가 이루어지지 않는다. 이 장면을 세월호 이전에 연출한 봉준호 감독의 솜씨에서 예술의 예지적 감성을 발견한다. 바로 이런 감성이 작동하기에 막강 권력의 파장 속에서 다수 약자의 불안과 좌절감, 저항의 욕망을 먹으며 재난영화는 나날이 성장하는 것이리라. (2015. 6. 16)

즐거운 노년

<할머니 배구단>

저무는 가을 하늘은 팍팍한 일상 속을 떠다니며 보더라도 아름답다. '비장미란 이런 것이 아닐까'라는 생각도 든다. 그런 가을 길목에서 만난 '여성인권영화제' 영화들은 일상의 고달픔을 위로하며 격려해 준다. 여배우들이 몸매 뽐내는 레드 카펫도 없고, 정신없이 터지는 카메라 플래시도 없는 소박한 영화제 환경은 지친 일상을 푸근하게 감싸 안는다.

그중에서도 마음에 꽂히는 영화는 노르웨이 다큐멘터리 〈할머니 배구단(The Optimists)〉이다. 추운 날들이 가득한 눈 쌓인 북구, 66세부터 98세에 이르는 여성 아마추어 배구단의 일상을 그린 이 작품은 웰빙(well being)이 곧 웰다잉(well dying)이라는 비의를 일깨워준다.

백세가 낼모레인 고로 선수는 아침 식사를 만들며 근력 키우는 다리 운동을 한다. 상대적으로 어린 60대 후반 선수도 주방에서 틈틈이 훌라후프를 돌리고, 80대 후반 선수도 눈밭에 나가 한 발로 서는 요가 자세로 균형 감각을 다진다. 아무리 추워도 잔뜩 코트를 껴입고 실내 운동장까지 썰매를 타고 가서 공을 주고받는 모습은 나이 들기의 유쾌함을 가르쳐준다.

'낙천주의자'라는 팀 이름처럼 서로 격려하고 연대하며 따로 또 같이 인생길을 가는 이들은 팀의 활력을 증진시키는 데 도움이 될 만한 팁을 구글링으로 찾아낸다. 도전에 응한 상대는 '힘찬 사내들(The Power Guys)'이란 이웃 나라인 스웨덴의 노인 남자 배구단이다. 졸지에 남녀대결 국제대회를 치르게 된 낙천적인 배구단은 지역 은행에 찾아가 스폰서로 끌어들이는 기지를 발휘하기도 한다. 청소년 운동 시설 같은 고정적인 대상을 지원한다는 은행 간부의 말에 선수복 지원도 고정적이지 않겠느냐는 순발력 넘치는 재치로 지원금을 따내기도 한다. 평소 뜨개질을 해온 고로 왕언니는 손뜨개로 꽃모양 팀 문양을 만들어 스웨덴 행 버스 안에서 동료 선수들에게 나눠준다. 처음으로 만든 파란색 선수복 상의에 각자 바느질을 해가며 팀 문양을 다는 버스 풍경은 정겹기만 하다. 선수복 등에 붙은 번호는 선수들의 나이이기도 하다. 88번, 98번, 66번 등… 두서없는 번호는 안티에이징 상품에 눈먼 젊음 중독 세상을 탈주하는 아우라마저 느끼게 해준다.

평균 연령이 더 높은 이웃 나라 언니들의 도전을 받은 '힘찬 사내들' 팀도 활력을 얻으며 힘 기르기에 매진한다. 남녀 혼성 경기이기에 여성 신장에 맞춰 네트 높이를 낮추고, 레이디를 대접하는 기사도를 발휘하기도 한다. 힘과 기술에서 밀린다고 판단한 낙천적인 언니 팀은 '웃음' 전략을 세우기도 한다. 양 팀 합쳐 최고령인 98세 고로 선수는 자기가 뛰면 질 것이라는 엄살을 피우면서도 코트에 나가 힘껏 뛴 대가로 최우수 선수상을 받는 인기도 누린다. 더 젊은 남자팀에게 졌지만, 서로 손잡고 댄스파티로 운동장을 누비는 이들의 배구 경기 에필로그는 '낙천주의' 삶의 본질을 보여 주는 것만 같다. 팀을 회고하는 10주년 기념사진에 등장하는 이들 중 상당수가 세상을 떠났다. 주로 암이나 치매로 세상을 떠났지만, 공놀이하며 나이 들기에 합류한 또 다른 언니들이 새로운 선수로 들어오면서 배구팀은 오늘도 돌아간다.

유튜브에서도 인기 있는 〈할머니 배구단〉 트레일러와 이미지들은 노년 인생길의 즐거움을 가르쳐준다. 의료기술의 발달과 노인 복지로 기나긴 노년기를 나누는 할머니 배구단은 공동체 대안을 제시해 준다. 같이 영화를 본 친구들이 "우리도 저렇게 나이 들자"며 당장 공놀이 팀을 만들자는 열정을 토로한다. "저런 공동체는 국가 차원의 복지가 잘 된 북유럽에서나 가능할 것"이라고 누군가 김을 빼기도 한다. 반드시 그런 것일까? 민간 차원에서 독립적으로 시작하면 안 되는 것일까? 인디 영화가 존재하듯이 인디 공동체도 가능한 것이 아닐까?

세월호를 안고 아프게 가는 한국호가 고령화 사회로 빨리 접어드는 중이라는 소식이 자주 들린다. 한국호는 4년 후인 2018년이면 노인 인구 비율이 14%를 넘어 본격적인 고령사회로 접어들고, 2026년에는 초고령 사회에 진입할 것으로 통계청은 전망하고 있다. 초고령 사회 진입에 프랑스는 115년, 영국은 91년, 미국은 88년, 일본은 36년 걸렸는데, 한국은 26년밖에 걸리지 않으니 빨리빨리 목표 달성이라는 관성이 발휘되는 셈이다. 그런 추세로부터 탈주하는 인디 공동체 생성이 가능하기를 가을바람 속에 절실하게 기원해 본다.

“한 잎 두 잎 나뭇잎이/ 낮은 곳으로/ 자꾸 내려앉습니다/ 세상에 나누어 줄 것이 많다는 듯이/ 나도 그대에게 무엇을 좀 나눠 주고 싶습니다.”

안도현의 시 「가을엽서」처럼 낮은 곳으로 내려앉으며 연대하는 즐거운 공동체를 청량한 가을 하늘 구름처럼 띄워 본다. (2014. 10. 7)

여름밤 기억 여행

<마담 프루스트의 비밀정원>

태풍들이 오가는 나날이다. 너구리가 가니, 나크리가 지나가고, 이어서 할롱이 바람과 비를 몰고 빠져나간다. 태풍이 올 때마다 어디로 흘러갈지 정확한 방향을 모르니 기상 정보를 주시하라는 뉴스를 흘려듣는다. 이렇듯 인간이란 존재는 자연의 변화무쌍함만 예측 못 하는 것은 아니다. 우리 뇌세포와 몸의 흐름에서도 기억이란 복병이 언제 어떻게 어디로 흘러갈지 자기 자신도 잘 모른다.

열기에 젖어든 어느 여름 밤, 〈마담 프루스트의 비밀정원〉(실뱅 쇼메, 2013)을 보고 관객과 기억에 대한 이야기를 나누었다. 여러 기억이 뒤엉켜 꼬리에 꼬리를 물고 흘러가는 와중에 잠 못 드는 열대야를 보냈다. 바로 그런 밤, 인간과 함께 살아도 길들여지지 않는 고양이의 야성을 살린 뮤지컬 〈캣츠〉에 나오는 '메모리'를 듣고 또 듣는다.

> "쓸쓸한 거리/ 달빛도 기억 위 홀로 웃고 있네요/ 발끝에 뒹구는 시든 낙엽들도 슬프게 웃네요/ 불빛들은 하나둘 모습을 감추고/ 어둠이 조금씩 깊어지면 곧 아침이 오겠지요."

차 한 잔, 마들렌 한 조각이 끌어내는 기억

슬프게 웃는 게 무얼까? 아마도 〈마담 프루스트의 비밀정원〉의 주인공 폴이 그런 존재일 것이다. 댄스교실에서 미뉴에트 춤을 가르치며 귀족다운 품위를 유지한 채 살아가려는 두 이모와 함께 사는 폴은 피아노로 춤곡을 연주한다. 그런 그는 실어증이다. 폴은 이모들 말을 잘 듣는 착한 모범생처럼 보이지만 뭔가 깊이 슬퍼 보인다. 그가 아래층에 사는 마담 프루스트를 만나게 되면서 기억의 문이 열리고 드라마도 흥미진진해진다. 아스파라거스 차와 마들렌이 마법처럼 작동하기 때문이다. 그 차는 풍요롭게 우거진 실내 정원에서 마담 프루스트가 직접 재배해서 만든 것이다.

드라마의 핵심은 폴의 슬픈 미소 뒤에 은닉된 아픈 기억을 찾아 나서는 것이다. 두 살 때 부모를 잃은 후, 폴은 망각과 함께 말하기를 잃어버린 것이다. 귀족 혈통을 유지하기 위해 노동자가 되지 말고 피아니스트가 되라고 밀어붙이는 이모들, 그랜드 캐니언으로 떠나 웅장한 자연을 마주하는 꿈을 가진 레슬러 아버지, 그 가운데 아기 폴에게 하고픈 일을 하라며 격려하는 유일한 존재는 엄마 한 사람뿐이었다. 폴을 독립된 존재로 인정하고 그저 '사랑 한 숟가락, 꿀 한 숟가락'이 아기에겐 필요할 뿐이라며 노래해 주던 엄마의 잔영, 폴은 이제 아스파라거스 차 한 잔과 함께 마들렌을 한 조각 베어 물며 아기 시절 기억을 복원해낸다.

이런 장면은 곧 마르셀 프루스트의 소설 『잃어버린 시간을 찾아서』를 불러낸다. 한 잔의 홍차, 그 홍차에 살짝 적신 달콤한 마들렌을 한 입 베어 물면서 그 내음과 맛에 실려 떠나는 기억 여행이 시작된다. 17년간 비자발적 기억의 흐름을 따라 써내려간 이 소설은 20세기 최고의 걸작으로 유명하다. 그 방대한 양에 압도당해서일까. 이 소설은 단번에 읽어내기 힘들어 20년째 읽었다 말았다 반복하는 내 인생길의 도전 목록이다. 그런데 흥미로운 점은 21세기 눈부신 뇌과학의 성과와 맞물리면서, 이 소설이 이젠 기억에 관한 뇌기능 탐구처럼 보인다.

후각이 뇌의 편도체에 연결되어 기억이 되살아나는 '프루스트 현상'은 뇌의 진화과정 연구에서 수차례 입증된 바 있다. 우리의 뇌는 좋은 향기, 아픈 향기 저마다 사연이 있는 기억을 끌어낸다. 그런 점에서 후각은 감정과 추억을 자극하며 과거로 이동하는 기억의 타임머신 연료처럼 작동하는 셈이다.

어떤 이들은 "골치 아픈 과거, 기억해서 뭐하냐", "현재도 살기 힘든데, 미래를 생각해야지 과거에 집착하면 안 된다"는 이유로 과거 기억과의 단절을 강조하는 경우도 있다. 하지만 인간의 뇌는 과거와 현재, 미래까지도 연결하는 연상과 감정처리 세포들이 망상조직처럼 연결돼 생명을 유지한다. 아파도 기억에 직면하는 힘이 자아 정체성과 삶의 의미를 회복시켜 준다는 사실을 폴을 통해 배운다. 폴이 기억에 직면한 후, 말도 하고 연애도 하는 것처럼.

그런 와중에 〈명량〉(김한민, 2014)을 보노라니 이순신 장군이 12척의 배를 지휘하며 3백 척 넘는 왜군을 무찌르는 장면들, 장렬해도 아픔이 배인 이미지가 현실 속 진도 울돌목의 아픈 파고를 연상시킨다. "잊지 않겠습니다"라는 기억의 약속을 지키려는 시민운동이 첫발을 뗐다는 소식도 들려온다. "아프니까 잊자"라는 자발적 망각증을 작동해도 오히려 그와 유사한 아픈 현실이 반복되는 악순환에 걸려들게 만들기도 한다. 그런 점에서 '세월호기억저장소' 건립은 기억과 현재, 그리고 미래가 우리 뇌세포처럼 서로 연결된 고리란 점을 깨우쳐준다. (2014. 8. 12)

표현의 자유

<변호인>

물 흐르듯 묵은해가 새해로 흘러 들어간다. 그렇지만 이례적인 상황도 발생한다. 지난 13년간 한 해를 결산하는 사자성어를 여론조사로 선정해 온 『교수신문』에서는 2014년 올해를 '도행역시(倒行逆施)'로 묘사했다. 초나라 왕에게 부친을 살해당한 오자서가 친구인 신포서와 나누는 대화를 소개하는 『사기』가 그 출처이다. 물 흐름 같은 자연스러운 순리를 거스르는 퇴행의 서글픔이 느껴지는 말이다.

이 문구를 선정한 단체를 보며 "역시, 교수들은 먹물이야!" 하며 그저 웃고 넘기기엔 서글픈 상황들이 꼬리에 꼬리를 물고 이어진다. 억압적인 여러 이미지들이 동시다발적으로 겹쳐진 채 떠오른다. 표현의 자유로운 흐름을 방해하는 걸림돌들이 도처에서 발견되는 난처한 상황들이 그렇다. 한 해를 보내는 마지막 한 달 사이에 벌어진 일들만 되새겨 봐도 자유로운 흐름의 역류가 강하게 전해져 온다.

일부 노래방 기계에서는 그동안 자유롭게 불러 온 어떤 노래들에 대해 "국방부 요청으로 삭제된 곡입니다. 선곡하지 마세요."라는 금지 문구가 나온다는 소식도 들린다. 심지어 〈아리랑〉처럼 우리 모두 공유하는 전통적 노래에도 이런 문구가 뜬다니 놀라운 일이다. 군부대에 납품했던 노래방 기계가 민간에 흘러나와 벌어진 불상사로 넘기기엔 어리둥절한 역류의 충격파가 크다.

창조경제 어젠다… 흥행돌풍 영화에 해답이

전통과 권위를 인정받는 유력 문예지를 둘러싸고 벌어진 일련의 사태도 개인적 일탈로 웃고 넘길 수 없는 역류의 조짐으로 다가온다. 이 문예지에서 정치적 이유로 한 작가의 소설 연재를 거부해 논란이 벌어지자 편집 책임자의 사과와 사퇴가 있었다. 바로 이 문예지에서 주최하는 문학상 수상자로 선정된 소설가와 평론가, 두 작가 모두 수상을 반납한다는 소식이 들려온다. 표현의 자유를 먹고 사는 예술가들의 투혼이 격정적인 몸짓으로 느껴지기조차 한다. "모든 전

위문학은 불온하다."라고 일갈했던 전설적인 시인 김수영이 오랫동안 투고해 온 문예지에서 그런 일이 발생했다니 퇴행적인 억압효과가 이런 것이구나, 하는 한숨마저 나온다.

바로 이 무렵 뜨거운 화제를 몰고 온 영화 〈변호인〉(양우석, 2013)은 개봉 전부터 평점 테러 논란을 불러일으켰다. 영화를 보지 않고도 평점 주기가 가능한 인터넷 사이트에서 10점 만점에 1점을 주는 기류가 감지됐다. 그러다가 실제 관람자들이 평점을 매기면서 이 영화는 9점대로 치솟는 고공행진을 벌이고 있다. 천만 관객을 넘어섰던 〈7번방의 선물〉, 〈광해, 왕이 된 남자〉, 〈아바타〉의 첫 주 대비 흥행기록을 넘어설 정도로 이 영화는 관객의 감흥을 보여 주고 있다. 기이하게 보이지만 영화를 안 보고도 평점을 줄 자유가 있기에 한 영화를 두고 개봉 전후 평점이 큰 격차를 보이며 수직 상승하는 반전이 발생한 것이다. 영화를 안 보고도 개봉 이전 평점 주기 자유가 보장되는 걸 보면 표현의 자유가 완전히 사라진 것만은 아니라는 기이한 감회도 일어난다.

〈변호인〉은 실화를 바탕으로 한 법정 드라마다. 〈설국열차〉와 〈관상〉에 이어 아웃사이더의 매력을 한껏 재현해낸 송강호가 맡은 송 변호사 캐릭터의 반전이 영화 관람의 묘미이다. 가난하고 빽 없고 학벌 없는 세무변호사가 헌법이 보장하는 기본적 인권을 지키기 위해 치열하게 벌이는 공판

12월,
당신의 웃음과 눈물을
지켜드립니다!
변호인
12월19일 대개봉!

〈변호인〉 포스터

장면들은 법적 정의와 반인권적 권력의 대립관계를 극적으로 파고든다.

최근 발표된 영화입장권 통계에 따르면, 국내 영화관을 찾은 관객수가 사상 처음 2억 명을 넘어서는 기록을 달성했다. 지난해 1인당 한국인 영화 관람은 4.1회로 미국, 인도, 중국, 프랑스와 더불어 영화를 가장 많이 보는 5대 국가 안에 든 것이다. 커져가는 영화산업 파이에서 핵심은 표현의 자유이다. 〈변호인〉이 증명한 창작의 자유, 많은 관객의 호응도 2억 명 이상 관객수 성과에 큰 기여를 한 셈이다.

창조경제를 국정 어젠다로 내건 정부시책에서 표현의 자유는 본질이다. 창조경제 활성화를 위해 표현의 자유, 특히 예술 표현의 자유 검열을 당하는 일이 새해에는 발생하지 않기를 희망한다. "억압에 대한 대응은 예술"이라는 버나드 쇼의 지적처럼 표현의 자유는 창조경제의 토대이자 새해 희망으로 작동할 것이기 때문이다. (2014. 1. 5)

슬프면 노래하자

<벤다 빌릴리!>

매일매일 접하는 여러 소식들이 놀랍게 다가온다. 경제협력개발기구(OECD)가 발표한 '2013 삶 보고서'에 따르면, 우리 사회 삶의 만족도는 하위권이다. 특히 사회 공동체 지지감이 매우 낮고, 소득격차 문제가 두드러진다. "도움이 필요할 때 의지할 사람이 있다"는 부분에서 우리 사회는 매우 뒤떨어진다. 그러노라니 자살률이 OECD 국가 중 1위인 것과 앞뒤가 맞는다. 글을 쓰는 이 시각에도 인터넷에선 노인 빈곤율 상승 1위와 '고독사' 문제가 뜨고 있다.

다행히도 한국은 세계 90여 개에 달하는 자유권 국가들 중 하나로 분류된다. 그러나 세계 언론자유지수에 따르면, 한국은 196개국 중 64위로 '부분적'인 자유국으로 분류

되니 이 또한 아프게 다가온다. 경제력과 학력 대비 삶의 질 분야에서 전방위 하위권으로 추락하는 이중적 초상화는 들여다볼수록 서글프다. 이런 이중성의 간극은 그럴싸한 겉태 만들기에 매진하는 성형공화국 메커니즘에 직면하는 것만 같아 막막하기조차 하다. 그런 처량한 마음으로 낙엽을 밟다가 만난 〈벤다 빌릴리!〉(리노드 바렛·플로렝 드 라 툴라예, 2010)가 마음에 꽂힌다. 콩고에서 공들여 찍은 이 다큐멘터리가 놀이의 힘, 호모 루덴스의 용기로 쳐지는 어깨를 세우고 나아가라고 격려해 주는 것만 같다.

콩고 거리 음악, 원초적인 매력과 공동체의 힘

장애인 밴드 '벤다 빌릴리'는 거리를 누비며 하루하루 살아간다. 비포장도로에 휠체어로 다니는 음악인들의 이동을 거리의 아이들이 도와주며 공동체를 이뤄 함께 살아간다. 음악으로 삶의 고통을 변화시키며 이겨내는 놀이하는 이들의 일상에 감복한 프랑스 기자 둘이 삶의 분투를 중계하듯 예상에 없던 초저예산 다큐 작업에 도전해 중계하듯 전해 준다. 일단 리듬이 시작되면 일상의 아픔은 홍이 되어 구경꾼을 감염시키는 마력을 발휘한다.

솔직담백한 노랫말은 해학의 묘미로 심장을 두드린다.

〈벤다 빌릴리!〉 포스터

"마르가리타, 내 누이여/ 우린 한 가족이었지. 가난으로 우린 흩어졌네/ 누이는 강 저편에, 난 이편에/ 우리를 연결하는 건 이동통신뿐." "오래 살고 싶으면 몸 사리고 살라"는 아버지의 말을 들려주기도 한다. "지도자들은 우리에게 무심하지/ 하늘이 무너져도 우리는 꿋꿋하네/ 우리끼리 의지하고 앞으로 나아가지." '아프리카여 깨어나라!'라고 절규하듯 노래하며 함께 먹고사는 공동체의 힘을 발휘한다. 노래하다 흥이 오르면 마비된 두 발 대신 두 손으로 신명 나는 춤까지 곁들여 열광의 도가니를 만든다.

화재로 중단된 녹음 실패로 흩어졌던 이들은 다시 만나 야외 동물원에서 녹음에 성공한다. 앨범 제목은 〈트레 트레

호르(Très Très Fort, 매우 매우 강한)〉. 그들 노래는 유튜브에 소개되어 큰 호응을 얻었고, 유럽 투어에서 월드뮤직 스타로 떠오른다.

공연을 보노라면, 노예로 끌려간 아프리카인의 아픔이 미국 대륙에서 탄생한 블루스와 소울, R&B, 레게의 뿌리를 접하는 멜랑콜리한 황홀감마저 느끼게 된다. 굶주린 아이들을 먹여 살리는 파파 리키, 분유 깡통으로 만든 기타를 만들어 연주하며 노래하고 춤추는 소년 가장 로제의 비장한 흥겨움, 흥이 나면 휠체어로부터 벗어나 앉은 몸을 돌리며 가무놀이에 빠져드는 단원들… 그들은 가난하고 비루한 조건을 활용하는 예술적 신명으로 세상을 울린다. 무엇보다 이들의 생명력이 길거리 연대에서 나온다는 점은 큰 격려이다. (2013. 11. 19)

팁 칸영화제에서 30분 이상 기립박수를 받은 이 영화는 서울의 두 극장에서만 개봉돼 찾아보기 쉽지 않다. 그래도 포기하지 말고 유튜브에 <벤다 빌릴리!(Benda Bilili!)>를 두드려 '음악-놀이'의 힘을 즐겨 보시길 권한다. 용기와 격려가 필요한 날, 그런 순간 이 다큐를 만나보시길!

개인사와 명품의 관계

〈블루 재스민〉

명품은 이제 일상어가 되었다. 주로 유럽, 특히 프랑스에서 온 값비싼 물건을 뜻하는 명품이란 말은 명품족, 명품 거리, 백화점 명품관을 만들어냈다. 그러다가 이제는 토착 감성과 결합하여 명품 한우, 명품 꽃마을, 명품 둘레길 등등… 온갖 데 명품이란 접두어를 갖다 붙이면서 품격 보장용 꾸밈말로 사용되고 있다. 이런 세태를 마주하노라면 우리는 명품이란 분류체계에 중독돼 가는 것처럼 보이기도 한다. 그런 명품 중독을 관찰해 볼 흥미로운 영화가 등장했다. 수다의 미학을 보여 주는 우디 알렌이 〈미드나잇 인 파리〉(2011)를 비롯하여 유럽의 고풍스런 도시 산책을 마감하며 뉴욕으로 돌아와 만든 〈블루 재스민〉(2013) 이 바로 그런 영화이다.

이 영화 제목을 듣자마자 〈블루 문〉이 자동연상되면서 떠오른다. 이 곡은 빌리 할리데이, 냇 킹 콜, 줄리 런던 등 세대를 넘어 즐겨 불리는 전설적인 재즈다. 재즈광이자 재즈 연주가이기도 한 우디 알렌이 이 재즈곡에서 영감을 얻은 듯 〈블루 재스민〉이란 제목을 붙이고, 영화의 시작과 끝에 이 곡을 넣었다. 한 달에 두 번째 뜨는 달인 '블루 문'은 상서롭지 못하지만, 마음 끌리는 감흥으로 재즈에서 영화로 전이된다.

영화는 재스민이 비행기 안 옆자리 노인에게 질릴 정도로 퍼붓는 일방적 수다로 열린다. 재스민이 뉴욕에서 누린 화려한 인생 드러내기가 핵심으로, 그녀는 하얀 샤넬 재킷 차림에 루이뷔통 가방 세트를 들고 등장한다. 명품 향유가 그녀의 취향이자 삶의 가치이며 미덕인 것을 입증하는 주인공 캐릭터 소개인 셈이다.

화려한 명품 뒤, 허영과 거짓의 두 얼굴

그녀가 도착한 샌프란시스코의 차이나타운 남루한 구석은 동생이 사는 집이다. 명품 제공자인 부자 남편이 사기꾼 사업가이자 바람둥이라는 진실의 발견은 그녀를 붕괴시킨다. 호화 주택에 살며 명품을 휘감고 즐기던 파티, 기부금도 내

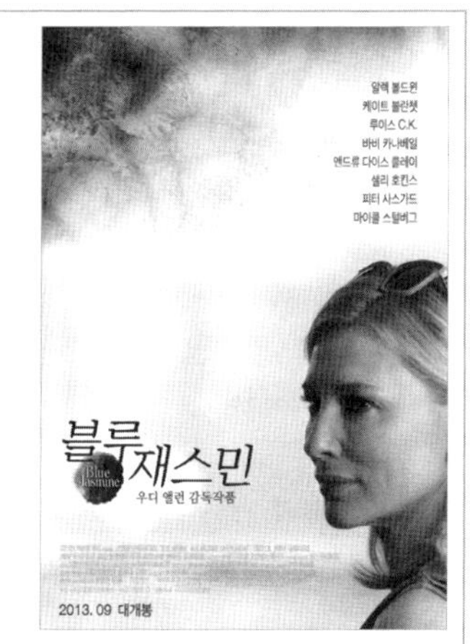

〈블루 재스민〉 포스터

며 살아온 뉴욕 상위 1%인 그녀는 진실을 발견한 후 숨조차 쉴 수 없어 뉴욕을 떠난 것이다. 영화는 뉴욕과 샌프란시스코, 과거와 현재를 오가며 재스민이란 인물의 속내, 개인사적 편린을 뒤집어 보인다.

그녀가 명품으로 치장하고 사랑을 믿으며 누려 온 상류 생활은 날아가 버렸다. 그래도 습관과 취향은 쉬이 변하지 않는다. 그녀에겐 여전히 두르고 다닐 명품이 남아 있고, 빈털터리여도 습관적으로 일등석을 타고 샌프란시스코에 온 것이다. 드라마가 진행되면서 그녀의 허영과 거짓이 때론 소소하게 때론 과격하게 드러난다. "명품 속내를 관찰하는 코미디란 이런 것이구나!" 노장 우디 알렌의 인간 관찰, 특히 여성 속내 관찰력에 절로 감탄이 나오기도 한다. 은근하게 감기는 재즈 선율까지 곁들여지니 청각적 쾌락도 함께한다.

샌프란시스코 거리에는 명품 거리가 없다. 당연히 돈도 없다. 동생에게 얹혀살면서도 그녀는 동생의 남자친구를 루저라고 비웃고, 부자 남자를 만날 꿈에 집착한다. "내가 홀로 서 있는 게 보이죠. 내 마음에 희망도 사랑도 없어요." 〈블루 문〉의 가사와 달리 서글퍼도 솔직하게 속내를 고백할 용기나 의지가 그녀에겐 결여되어 있다.

망가져 가는 재스민이 안쓰러워 보여도 그녀는 일단 영화 속 인물이니 거리 두고 구경하는 재미를 누릴 수 있다. 그런데 어두운 극장을 떠나 현실로 걸어 나와도 명품 두른 여성들이 여기저기 눈에 띈다. 프랑스산 명품 주고객이 한국인과 중국인, 일본인이란 뉴스나 소문을 심심치 않게 접하기도 한다. 재스민의 가방, 루이뷔통은 지난 10년간 경제난에도 불구하고 490억에서 4,900억으로 한국 매출이 급신장했다는 뉴스도 나온다.

프랑스 여성들은 한국 여성들처럼 표시가 드러나는 명품을 두르지 않는 편이다. 자신의 개성과 스타일을 만들어 가는 인간 명품 되기가 멋쟁이 인생의 비결인 것 정도는 파리지엔에게는 상식처럼 작동하기도 한다. 그래서 재스민의 명품 중독증은 역사의식 결여가 개인사 의식 결여로 이어지면서 허영과 광기로 폭발하는 처량한 몰골로 드러난다. 우디 알렌이 유럽 산책 후 만든 영화들은 미국의 속내를 이전보다 더 강렬하게 보여 주는 재치로 뒤집기를 통한 유머 효과를 발휘해낸다. (2013. 10. 1)

팁 케이트 블란쳇은 명품족 재스민 캐릭터의 허영과 고통을 신명나는 연기력으로 재현해낸다.

처연한 아름다움

<지슬>

여느 때보다 봄바람이 차갑게 느껴진다. 4년 전이던가? 어느 봄날, 제주 올레 축제에 갔다가 섬 바람이 온몸 깊이 스며 덜덜 떨었던 기억이 난다. 제주는 남쪽이라 서울보다 따스할 것이라고 생각해 준비 없이 떠났던 내 자신의 무지함 때문이었다. 걸어야 하는데 엄두조차 못 내는 내가 한심하고 가련해 보였을 것이다. 그때 동행했던 제주분이 입고 있던 외투를 벗어 입혀 주어 따뜻하게 걸었던 기억이 난다. "그러면 당신은 추워서 어떻게 해요, 제 잘못이니 참을게요."라고 나는 미안해하며 거절했다. 그러자 그분은 "우리는 맨날 제주 바람 맞아 괜찮아요. 하하하~" 하고 웃으며 뭍에서 온 무지한 사람을 덥혀 주었다.

눈물과 웃음으로 피어나는 제주

그런 따스한 기억이 살아있는 제주의 아픈 역사를 그려낸 〈지슬: 끝나지 않은 세월 2〉(오멸)를 보노라니 희비극이 교차한다. 이런 감정의 파동 속에 휘말려들면서 제주 바람의 날 선 차가움과 따뜻한 인심이 동시에 떠오른다. 아픔과 고통을 한 장 한 장 넘겨가며 그려낸 흑백 풍광의 매혹이 가슴 깊이 스며든다. 이런 매혹은 혼자만의 것이 아니다. 가난하게 만든 독립영화는 자본 크기로 승부를 겨루는 영화시장에선 변경에 놓인다. 그럼에도 불구하고 이 작품이 10만 관객을 넘어 개봉관 수를 늘리고 있다는 즐거운 소식이 봄바람 속에 날아온다. 분단국가의 서러움과 아픔을 세계 뉴스로 마주하는 올봄, 제주 감자 〈지슬〉이 관객의 호응으로 활짝 피어난 것은 예술과 함께 하는 삶의 의미를 가르쳐준다.

1948년 제주에서 일어난 3만 명의 죽음을 제대로 알지 못했던 것을 검열 받은 역사교육 탓으로만 돌릴 수 없는 것은 나의 무지함에 대한 깨우침이기도 하다. 어쩌다 조금씩 억울한 역사적 기억을 흘려들은 것이 내겐 전부였다. 제주에 가면 많은 이들의 제삿날이 같아서 난리굿이라는 이야기도 들었다. 그런 풍문은 아름다운 섬, 그 풍광을 즐기며 걷기 좋은 제주라는 인식 뒤에 별 흔적 없이 희미할 뿐이었다.

그런 무지함의 자각 때문인지 〈지슬〉을 깊이 응시하게 되었다. 구름을 타고 넘실대는 흑백 풍광은 태초의 여신 설문대 할망의 품속에서 땅으로 내려온다. 먼지일까, 안개일까, 뿌연 공기 속에서 그 땅의 형편이 하나씩 벗겨진다. 폐허 같은 집, 문이 열리면 화면 속 화면이 열린다. 한 남자와 널브러진 제기들이 65년 봉인된 주술을 깨고 그때 그 시절 삶의 형편 속으로 우리를 인도한다.

제삿밥에 목 메이는 4·3항쟁 영혼들

좁은 구덩이 속에 몸을 부대끼며 한 사람씩 숨어들면서 소개령이 소개된다. '해안선 5킬로미터 밖 모든 사람을 폭도로 여긴다'는 내용이다. 소개령이 뭔지도 모르는 사람들은 그런 정책의 저변에 깔린 이데올로기가 뭔지 몰라도 극도의 위협을 느끼기에 깊은 동굴로 숨어든다. 구덩이 속에서도 동굴 속에서도 이들의 근심은 구시렁대는 대화 속에서 살아난다. 어리숙한 고집쟁이 용필아저씨, 동굴 안내를 맡았다가 길을 못 찾아 구박을 받는 경준, 총알보다 빠르다며 자신의 '말다리'를 시시때때로 자랑하다 장렬하게 달리며 헌신하는 상표, 홀홀단신이기에 돼지가 전부라며 돼지 밥 주러 동굴과 집을 오가려는 순범, 노모를 동굴로 모셔 오려 안

〈지슬〉 포스터

간힘을 쓰다 노모의 참혹한 종말 속에 그 가슴 속에 품은 감자를 동굴로 날라 오며 할 말을 잊는 순동, 사모하는 순덕을 가슴에 품고 마을로 내려갔다 불탄 마을을 목격하는 민철… 이들의 면모가 서글퍼도 오히려 정겹게 유머코드를 타고 풀려나가는 저편에는 토벌대 군인들이 있다.

도식적 드라마 관습에 따르면 이들은 무고한 양민과 잔인한 군대, 혹은 선과 악의 대립이지만, 이 작품은 그런 도식을 넘어선다. 양민 처형 명령을 차마 따르지 못해 벌을 받는 군인, 양민을 돕다 부상당한 군인, 빨갱이를 죽여야만 하는 강박에 사로잡힌 군인에게서도 가족사에 맺힌 한의 아픔이 배어 나온다. 그런 모습을 보노라면 "인생은 가까이서 보면 비극이지만, 멀리서 보면 희극"이란 찰리 채플린의 명언이 떠오른다. 역사의 질곡 속에 허우적대는 삶의 아이러니를 제사의식으로 수행하는 오멸 감독의 태도는 미학적 고귀함으로 나부낀다. 겨울바람이 거센 벌판, 바람에 날아갈 듯한 여자가 가련하게 서 있고 그녀에게 총을 겨눈 채 마주한 군인은 방아쇠를 당기지 못한다. 이런 처연한 풍광은 앙상한 나뭇가지들로 청아한 하늘을 가르는 장엄한 이미지가 되어 마음에 스며든다.

〈지슬〉을 아직 맛보지 못한 분들에게 상업영화 천만 이상의 매혹을 가진 이 작품의 처연한 아름다움에 빠져 보시길 권한다. (2013. 4. 16)

팁 영화 제목 '끝나지 않은 세월 2'에서 뒤에 붙은 '2'는 제주 4·3을 영화에 담다가 끝내지 못한 채 세상을 떠난 고 김경률 감독을 기리는 비의가 숨어 있다.

심장을 두드리는 예술

〈레미제라블〉

"〈레미제라블〉 봤어요? 눈물이 나요." "혁명은 오래 걸리는 거군요." 요즘 사람들을 만나면 "새해 복 많이 받으세요!"라는 축원보다 더 자주 듣는 영화 감상평이다. "저도 큰 감동을 받았어요. 예술은 삶의 구원인걸 보여 주네요. 직업이 뭐든 우리는 예술과 함께 하는 호모 루덴스로 살아야 한다는 격려도 받았고요." 나는 그렇게 답하곤 한다.

〈레미제라블〉은 여러 영화제 상을 휩쓸며, 5백만 명 이상 관람한 역대 외국영화 톱 10 리스트에 들어섰다. 대선 직후 개봉한 덕인지 '힐링 영화 신드롬'까지 불러일으켰다. 영화를 보노라면 눈물이 난다. 판틴 역의 앤 해서웨이가 부르는 〈나는 꿈을 꾸었죠〉, 장발장 역의 휴 잭맨이 부르는 〈나는 누구인가?〉, 짝사랑의 아픔을 노래하는 에포닌의 〈나 혼자한 사랑〉도 절절하다. 그 와중에 바리케이드 위에 올라 깃발을 휘날리는 청년들의 심장박동조차 느껴진다. 왜 그럴까? 한 세기도 더 된 원작의 힘이 쇤베르크의 음악과 톰 후퍼의 카메라를 타고 지금 이곳 우리 가슴 속에서 꽃처럼 피어나기 때문일 것이다. 실패를 딛고 열정으로 일어선 제작자 카메론 매킨토시의 공력, 원작에 반해서 현장에서 직접 노래하는 배우들의 연기투혼도 한몫하고 있다.

위대한 인물을 창조하는 '궁핍'과 '불행'

이 작품을 보노라면 오래전 7월 14일, 파리 센 강가에서 목격했던 프랑스 혁명을 기리는 축제의 감흥이 떠오른다. 불꽃이 음표처럼 밤하늘을 오르내리며 화려하게 피어나던 축제의 밤. "궁핍은 영혼과 정신을 낳고, 불행은 위대한 인물을 낳는다."라는 장엄한 빅토르 위고의 소리가 불현듯 들려온다. 굶주린 조카를 위해 빵 한 조각을 훔친 죄로 19년 감옥살이를 한 장발장. 그는 자신이 훔쳤던 은식기에 은촛대까지 얹어서 선물로 준 주교의 사랑을 통해 거듭난다. 그 실천으로 양육비를 벌기 위해 온몸이 지쳐 나가떨어질 정도로 일하다 죽어간 판틴의 딸 코제트를 입양하며 키우던 장발장

〈레미제라블〉 포스터

은 혁명을 만난다. 노예 같은 궁핍한 삶을 청산하기 위한 가련한 이들의 열정은 혁명의 시대를 만들어낸 것이다.

영화를 보고 난 후, 바리케이드에서 들려오던 노래가 귀에 쟁쟁하게 소용돌이친다. 〈들리는가, 사람들의 노랫소리가?(Do you hear the people sing?)〉란 그 노래. "성난 사람의 노래가 들리는가? 그건 사람들의 음악이다. 다시는 노예가 되고 싶지 않은 사람들, 당신의 심장이 박동칠 때, 드럼의 두들김이 어우러지고 새로운 시작에 인생이 열린다." 에필로그를 장식하는 노래는 고단한 삶을 위로하고 격려하는 예술의 마력을 보여 준다.

예술은 적막감을 감추는 '한 줄기 빛'

마음을 저미는 감동은 인간관계로부터 나온다. 사회 정의를 내건 법률이 가난한 자를 불행하게 만드는 시대. 빅토르 위고가 소설 서문에서 밝혔듯이, "가난하기에 남자는 낙오되고, 굶주림으로 여자는 타락하고, 어둠 때문에 아이들이 삐뚤어지는" 문제투성이 세상. 법이 있어도 비참함과 부정의함이 난무하기에 영화는 새로운 세상을 그려낸다. 그곳에선 살아갈 용기를 주는 관계의 미학이 희망을 꿈꾸게 만든다. (힘 있는) 나이 든 남성과 (유약한) 어린 여성의 관계를 성적 판타지로 은밀하게 그려내는 작품들이 퍼져 있는 세상의 관습, 그런 관습을 깨고 등장하는 장발장과 코제트의 관계는 자유, 평등, 박애의 실천이다. 장발장에게 코제트의 양육과, 연인 마리우스를 살려내는 헌신은 엄마 판틴에 대한 사죄이기도 하다. 그것은 빈곤으로부터 인간을 구출하는 나눔의 실천이자, 살만한 세상 만들기에 참여하는 시민의식의 실현이다.

세계적인 자살률과 실업자가 넘쳐나는 사회, 복지문제로 세대 갈등까지 불거져 당혹스러운 사태. 이런 적막감 속에서 인간이 살고픈 세상을 꿈꾸는 존재임을 인정하고 격려하는 예술은 힘들고 지쳐도 살아낼 힘을 주는 삶의 동반자란 사실을 확인하게 된다. (2013. 2. 19)

복고풍 물결

<건축학개론>

"우리는 모두 누군가의 첫사랑이었다." 첫사랑을 복고풍에 담아낸 〈건축학개론〉(이용주, 2012)이 포스터에 내건 문구이다. 〈8월의 크리스마스〉(허진호, 1998) 이후 나온 부드러운 남성 멜로드라마 〈건축학개론〉은 첫사랑 판타지를 불러일으키며 장기 흥행에 들어가는 성공을 거두었다. 영화를 보고난 관객들이 자신의 첫사랑을 추억하는 모습이 종종 눈에 뜨이기도 한다. 남자 역시 아름답고 부드러운 사랑을 꿈꾼다는 공감대가 전달되는 점도 성공적으로 보인다.

우울한 삶을 치유하는 첫사랑의 기억

'첫사랑'이란 개념은 마지막 사랑뿐 아니라 여러 번의 사랑을 전제로 성립되는 개념이기도 하다. 그런데 처음이기에 어떻게 표현해야 할지, 어떻게 풀어내야 할지 혼돈스럽고 서툴기 마련이다. 그래서 첫사랑은 지나간 과거의 앙금이기도 하다. 그 앙금은 사람에 따라 다를 것이다. 그 앙금은 인생 시기에 따라, 때론 그리움으로 때론 고통으로, 다양하게 각색된 기억으로 재구성될 것이다. 특히 현재가 우울할 때, 격정적인 열기가 지배했던 첫사랑은 기억의 스크린에 자연스럽게 복고풍 감성을 끌어들인다.

앞으로 무얼 할지? 어떤 이와 인생을 함께 할지? 불투명한 앞날을 내다보며 방황하던 청춘. 그 시절 벌어진 첫사랑은 시간이 흐른 후 과거 향수를 담보한 사건으로 의식뿐만 아니라 무의식 차원에 저장될 것이다. 이후 세월이 흘러 자신의 인생길이 보다 구체적으로 가늠되지만, 팍팍한 현실 속에서 사회적 역할로부터 자유로운 탈주조차 불가능한 기성인이 돼버린 우울함에 사로잡힐 때, 첫사랑의 기억은 현재를 재구성하는 기억의 힘을 보여 준다. "많은 날이 지나고 나의 마음 지쳐갈 때/ 내 마음 속으로 쓰러져가는 너의 기억이 다시 찾아와/ 생각이 나겠지."라고 노래하는 〈기억의 습

우리 모두는
누군가의 첫사랑이었다
건축학
개론
2012.03.22

〈건축학개론〉 포스터

작〉(전람회)은 첫사랑의 기억과 현재를 오가며 드라마를 짜 나가는 영화와 절묘하게 맞아떨어진다.

건축학개론 수업에서의 만남, 그러나 제대로 된 고백으로 풀리지 못한 첫사랑. 그런 두 사람의 15년 후 재회는 우연이 아니다. 여자가 첫사랑을 찾아내 집짓기를 의뢰했으니까. 죽음을 앞에 둔 아버지 돌보기에 나선 여자는 제주도 집을 개조하는 건축가로 첫사랑이었던 그를 고용한다. 여자는 이혼 후 독신이 되었고, 남자는 결혼을 앞두고 있다. 오해 속에 소멸된 첫사랑은 집짓기를 통해 인생 짓기처럼 다른 관계의 미학으로 복원된다. 사랑의 종착역이 반드시 결혼일 필요는 없기 때문일 것이다.

첫사랑 앙금 거두기만 인생 복원의 치유력을 발휘하는 것은 아니다. 과거 기억을 재구성하는 복고풍 정서는 우울하고 불안한 현재, 각박한 삶을 치유하는 힘을 발휘한다. 근대성을 연구한 리타 펠스키의 진단처럼, 복고풍의 욕망은 과거 억압적 차원을 얼버무리기도 하지만 타락한 현재를 비판하고 대안적 미래를 건설하려는 욕망을 보여 주기도 한다.

대안적 미래를 건설하려는 욕망

이를테면 과거 십대의 활기를 중년에 들어서 복원하려는 여성들의 제2의 인생을 그린 〈써니〉도 복고풍 정서를 유쾌하게 그려낸다. 〈댄싱퀸〉, 〈범죄와의 전쟁〉 같은 영화들은 가까운 과거를 복고풍 물결 속에서 길어 올린다. 올해 하반기 개봉할 〈미운 오리새끼〉도 동시대적 복고열풍을 증명해 준다. 영화뿐만 아니라 대중음악이나 일반적 문화현상으로 복고풍이 하나의 물결을 형성하며 몰아치는 것은 현재의 불안과 우울을 다루는 방식이기도 하다.

그런 점에서 복고풍 속에 재구성된 기억의 드라마는 상상된 과거에만 머물지 않는다. 그것은 막막한 현재에 대한 성찰이자 미래에 대한 재구성이기도 하다. 과거보다 현재가, 현재보다 미래가 나아질 것이라는 발전적 진보관은 환경적 측면에서 이미 허물어지고 있다. 그런데 유독 정치만 나아질 것이란 희망적 기대도 재점검할 필요가 있다.

현실이 암울할수록 "우리는 모두 누군가의 첫사랑이었다."라는 문구가 주술처럼 영감을 준다. 그런 첫사랑이 복고풍의 흐름을 타고 두 번째 사랑, 세 번째 사랑, 끊임없는 사랑으로 가지 치며 삶의 의지를 복원시키는 방법을 연마해 볼 필요가 있다. (2012. 5. 29)

최종병기 법정에서

〈부러진 화살〉

스크린 법정을 펼쳐 낸 〈부러진 화살〉(정지영, 2011)이 설 연휴에 개봉돼 열기를 뿜고 있다. 2007년 터진 석궁사건에서 '활'의 의도적 발사여부가 법적 논쟁의 '최종병기'였을 것이다. 그 앙금은 르포 소설을 낳았고, 그에 기초한 르포성 법정영화 〈부러진 화살〉을 생산해냈다. 그런 과정을 거쳐 탄생한 이 작품을 보노라면 법정영화의 가치를 강렬하게 느끼게 된다.

정지영 감독이 13년 만에 연출한 〈부러진 화살〉은 법정영화의 덕목을 잘 보여 주고 있다. 더불어 그의 작품목록에서 대표작이 되기에 손색이 없다. 법정영화는 영화사 초기부터 존재해 온 강력한 장르이다. 실화에 토대를 둔 〈잔 다르크의 수난〉(칼 드레이어, 1928)은 실제 자료에 토대를 둔 중세 마녀사냥 재판정을 긴장감 넘치게 그려낸 이미지 미학의 빛나는 걸작으로 통한다. 한국 영화사에도 〈검사와 여선생〉(윤대룡, 1958)이나 〈법창을 울린 옥이〉(임권택, 1966) 등이 존재한다.

설 연휴, 스크린 법정의 진실과 폭소

정의로운 법과 공정함의 관계를 성찰하게 만드는 스크린 법정은 관객-배심원과 함께 허구로써 진실의 법정을 짜나간다. 대중오락물로 세계시장을 석권한 할리우드나 다른 나라에서도 영화의 사회적 기능을 살려내는 법정영화를 꾸준히 생산해내고 있다. 케네디 대통령 암살사건의 흑막을 고발하는 〈JFK〉(1991), 법정을 통해 진실과 거짓을 심층적으로 드러낸 이란 영화 〈씨민과 나데르의 별거〉(2011) 등도 그런 예에 속한다. 이렇듯 법정영화는 법집행의 사연을 중심에 놓고 드라마화하는 본질적 구조를 갖고 있다. 법정영화로서 〈도가니〉(2011) 역시 권력과 밀착한 복마전의 긴장감을 치열하게 보여 줘 아픈 공감대를 형성했다. 그 아픔은 정의로운 법집행을 바라는 에너지로 전환되어 영화의 사회적 기능을 수행하기도 했다.

그 가운데 등장한 〈부러진 화살〉은 법정영화 고유의 심각함과 아픔 속에서도 유쾌한 코믹성을 가미하고 있어 흥미롭다. 심각한 주제를 다소 무겁게 풀어내던 정지영 감독 연출 스타일 변화로 느껴볼 수도 있을 것이다. 영화 대사처럼 '재판이 아닌 개판'이 돼버린 상황에서 법지식으로 무장한 저항은 통쾌한 유쾌함을 전파해 준다. 그런 대목에선 객석에서 폭소가 터져 나오기도 하는데, 법대로 전개되지 않는 법정의 권위가 유쾌하게 폭로되었기 때문일 것이다. 이런 예외적 성과는 매력적인 캐릭터 연출과 관찰자적 시점에서 나온다.

법정영화의 새 지평을 찾아…

수학자답게 원칙과 상식에 근거한 법을 아름답다고 믿는 피고인 김 교수, 이에 반해 법을 쓰레기라고 부르며 법적 정의를 수행하느라 상처투성이가 돼버린 박 변호사, 이 두 사람 앞에서 판사는 권위를 세우기 위해 찡그린 표정으로 곤혹스러움을 감춘 채 안간힘을 쓴다. 수학자다운 집중력으로 관련법을 독학한 김 교수는 지행합일 원칙주의자의 본때를 증명해낸다. 그런 그의 모습에서 보수 지식인의 덕목은 바로 저런 모습이 아닐까라는 생각도 든다. 그는 대학 공

〈부러진 화살〉 포스터

책에 가득 적은 법조항을 외우고 읽어가며 재판장의 위선을 고발한다. 대한민국에는 (법대로 집행하는) 전문가가 없으며, 오직 사기꾼만이 전문가라는 일갈! 이런 대목은 일반적인 법정영화에선 맛보기 힘든 재미, 즉 판결을 넘어선 전복적 쾌감을 선사해 준다. 그런 쾌감은 '법대로' 집행되는 또 다른 법정을 꿈꾸게 만드는 상상력을 자극한다. 4년형을 선고 받고 감옥에 가는 마지막 순간에도 김 교수는 얼차려 시키는 간수 이름을 손바닥에 적으며 저항권을 행사한다. 그리곤 우리에게 미소를 날린다. 해피엔딩을 넘어선 유쾌한 도발이다.

영화는 허구이며 현실이 아니다, 라고 한다. 그러나 영화는 현실의 산물이며, 드라마 소재로 현실을 우려내 그 토양에서 먹고 사는 예술이라는 점을 간과할 수 없다. 그런 맥락에서 영화 보기의 의미는 삶의 한 순간을 인문예술학적 행위로 맛보는 데서 나온다. 즐거운 영화 보기가 가능한 곳, 의미 충만하고 사회치유력까지 곁들인 〈부러진 화살〉의 '스크린 법정', 바로 그 곳에 마련된 가상 배심원 자리에 앉아 보시길 권한다. (2012. 1. 25)

“왜 영화를 보나요?”

<바베트의 만찬>

삶의 아픔을 감싸 안으며 살아가는 사단법인 ‘진실의 힘’ 선생님들과 영화 보기를 하자는 권유는 당혹스럽게 다가왔다. 왜 그랬을까? 영화 공부와 비평을 영화 치유의 길로 접속하는 것에 대한 두려움 때문에 몽롱해졌던 것 같다. 그런 두려움을 피력했더니 특별하게 할 건 없고 그저 평소처럼 하면 된다는 말에 도전해 보기로 했다.

순간, 영화 보기와 삶의 고통에 관한 기억이 떠올랐다. 영화 수업을 하다 보면 영화 제목, 감독 이름이 갑자기 떠오르지 않아 헤맬 때가 있다. 그러면 즉각 답을 해주는 친구들이 있다. 나는 그런 친구를 ‘걸어 다니는 영화사전’이라고 부른다. 그 친구들은 영화광들이다. “언제 그렇게 영화를 봤어요?"라고 물으면, 그 친구들은 "가장 고통스러운 시절"이라고 답하곤 한다. 그래서 엄청 영화를 보노라니 영화광이 됐고, 결국 영화 전공까지 하게 됐다고 고백하기도 한다. 내겐 소중한 참고자료가 돼주니 매우 고마운 친구들이다.

고통의 사유는 저마다 다르다. 소녀가장이 된 고통, 실연의 아픔, 죽음까지 생각해야 했던 절박함… 너무 괴로워서 아무것도 할 수 없을 때. 책도 읽히지 않고 사람들과 만나기도 싫을 때, 그나마 할 수 있는 게 멍하니 홀로 영화 보는 것이었노라고 '영화와 고통'의 관계를 고백하기도 한다. 돌이켜보면 내가 영화에 빠져든 것도 유사하다. 유전적이기도 하지만 (어버지가 시나리오 작가이자 감독이었으니), 군부 독재 시절 영화 제작과 검열로 경제적 몰락을 겪은 가정사나 이어지는 표현의 자유 억압을 견디기 힘들어 또 다른 세상, 또 다른 삶을 구경하는 맛에 나도 영화 중독이 된 것 같다.

"그래, 바로 이 맛이야. 영화는 다른 세상, 다른 삶, 다른 욕망을 구경하며 내 자신의 삶을 거리 두고 보게 만드는 좋은 도구야." 그런 생각이 들 무렵 만난 찰리 채플린의 명구는 무릎을 치게 만들었다. "인생은 가까이서 보면 비극, 멀리서 보면 희극이다." 그런 그의 통찰력이 세상과 삶의 아픔을 웃음으로 풀어내는 최고의 코미디를 만들어내게 한 것이리라.

영화란 매체의 속성을 공부하노라니 영화야말로 우리 삶을 위로하고 치유하는 매혹을 가진 매체이다. 스크린은 잠재의식에 머물러도 의식에 떠오르지 않는 상상계 기억 복원의 장으로 작동한다. 잃어버린 욕망, 아픔의 잔영, 즐거움에 대한 추구… 그런 것들이 꿈과 유사한 영화 보기 몰입에서 발생한다.

게다가 영화를 보고 같이 이야기를 나누노라면 소통의 코드가 열린다. 저마다의 기질, 취향, 염원, 가치관이 영화 감상을 매개 삼아 술술 풀려나온다. 그래서 영화를 같이 보고 이야기하기에 깊이 빠져들수록 세상과 인간 이해의 장이 화통해진다. 영화세상과 현실적 삶의 세상이 하나로 돌아가는 것이다. 거기서 문제가 발견되고 해결하고픈 욕망이 소통되면서 자신의 삶을 거리 두고 성찰하게 만드는 놀이가 생겨난다. 요한 하위징아가 말하는 '호모 루덴스', 즉 놀이 본능이 되살아나 무겁게만 느껴지던 상처와 고통을 녹여내는 변화도 가능해진다. 고통과 시련이 놀이로 변화되면서 재탄생하는 힘은 오래된 와인처럼 씁쓸달콤하고 그윽한 맛으로 농익어 간다.

선생님들을 영화로 만나면서 그런 신기한 놀이효과를 누리며 배워가는 중이다. 영화라는 또 다른 세상과 접속하며 우리 삶을 돌려보는 영화 놀이. 커다란 고통은 그저 지난 것이 아니다. 여전히 묵직한 앙금이 남아 있고 앞으로도 사라지기 힘들 것이다. 그것을 에너지 삼아 다른 관점에서 잠시 돌리며 맛있게 빚어내는 놀이 정신이 관건이다. 이런 놀이를 선생님들과 두 계절 하노라니 몸풀기가 슬슬 되는 것 같다. 나는 즐거워서 이 놀이를 한다. 애초에 내게 이 일을 제안하며 감동받을 것이라고 끌어들여 주신 박성희 님, 송소연 님, 조용환 변호사님, 그런 치유 놀이 제안에 깊은 감사를 전한다.

같이 영화 보고 이야기하는 전초전으로 매번 선생님들이 직접 요리해 차려 주신 밥상, 떡국, 미역 옹심이, 때론 바다에서 직접 잡아오신 물고기로 차린 음식은 내겐 〈바베트의 만찬〉(가브리엘 악셀, 1987)을 체험하게 만든다.

춥고 궁핍한 덴마크 바닷가 작은 마을, 바닷바람과 태양에 생선을 말리는 장면에서 영화는 시작된다. 잿빛 하늘의 침울한 분위기 속에서 청빈한 삶을 신앙심으로 버텨 나가는 두 자매에게 바베트가 도피해 오면서 사건이 벌어진다. 모든 게 일사천리로 풀리지 않았던 프랑스 혁명기, 난국에 처한 바베트는 파리 일류 식당 '카페 앙글레' 요리사 신분을 감춘 채 가난한 두 자매의 무보수 가정부를 자청한다.

그러던 어느 날, 바베트가 복권에 당첨되면서 전복적 상황이 발생한다. 거금이 생긴 그녀가 프랑스로 돌아갈 것이

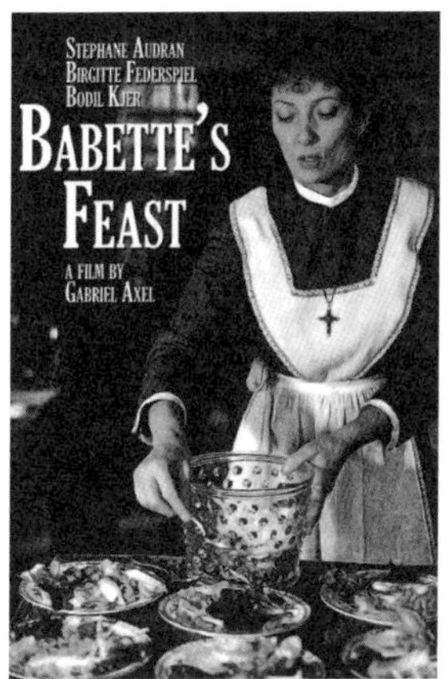

〈바베트의 만찬〉 포스터

라는 예상과 달리, 바베트는 곧 다가올 목사님의 탄생 100주년 만찬을 준비하게 해달라고 간청한다. 두 자매의 승낙을 얻어낸 바베트는 배를 타고 프랑스로 건너가 일주일 동안 장을 본다. 그리고 온갖 먹거리들을 한 수레 실어온다.

이제 음식 만들기 풍경이 스크린을 풍요롭게 가득 채워 나간다. 모락모락 피어나는 김, 소스 끓는 소리와 불길이 확~ 퍼져 나오는 프라이팬, 빛을 반사하는 유리잔 속에 담긴 와인, 캐비아를 얹은 블러디 드미로프, 여성용 축하주 뵈브 클리코 샴페인이 솟아오르는 거품 등등…. 신앙생활을 해도 서로에 대한 분노와 증오를 못 참고 드러내던 사람들은 만찬을 통해 변화하기 시작한다. 달빛 아래 손에 손 잡고 우물가에서 강강술래하며 만찬장을 떠나는 이들의 모습은 다시 봐도 명장면이다. 평생 먹고살 돈을 만찬으로 다 쓰고 마을에 남기로 한 바베트는 이렇게 말한다.

"이 돈을 다 써도 가난하지 않아요. 진정한 예술가는 절대 가난하지 않으니까요."라고. 사람들의 변화를 본 그녀는 이렇게 고백한다. "오늘 저녁, 저는 배웠습니다. 자신이 최선을 다하면 다른 사람을 행복하게 할 수 있죠." 일생일대 최초의 만찬을 즐긴 후 부드러운 감성과 여유롭게 별밤을 즐기는 사람들의 변화는 스크린에서 현실로 내게 다가온다.

여유 있는 이들의 오락이나 데이트용이라고 젖혀두셨던 영화를 같이 보며 감흥을 느끼고 감상을 나누시는 선생님들의 모습에서 상상과 현실, 예술과 삶이 하나로 이어진다. 그 가운데 저와 같이 영화 보고 이야기 나누다 보면 "삶이 가벼워진다"고 전해 주신 한 선생님의 말씀은 참을 수 없는 존재의 무거움을 덜어 준다. 영화 보러 해질녘 찾아오시는 선생님들의 살아나는 얼굴에 사무엘 울만의 시 「청춘」을 바친다.

"세월은 주름살을 늘게 하지만
열정을 가진 마음을 시들게 하지는 못한다.

고뇌, 공포, 실망 때문에 기력이 추락할 때

비로소 마음이 시들어버리는 것이다.

60세든 16세든 모든 사람의 가슴 속에는
놀라움에 끌리는 마음
어린아이와 같은 미지에 대한 끝없는 탐구심,
삶에서 환희를 얻고자 하는 열망이 있는 법이다.
(…)
영감이 끊어지고
정신이 냉소의 눈에 파묻히고, 비탄이란 얼음에 갇힌 사람은
비록 20세라 할지라도 이미 늙은이와 다름없다.

그러나 머리를 드높여 희망이란 파도를 탈 수 있는 한
그대는 80세일지라도 영원한 청춘의 소유자일 것이다."

(2011. 9. 5)

여성본색

<써니>

나는 늘 궁금한 게 있다. 〈마이 웨이〉 같은 노래를 들을 때면 더욱 그렇다. 삶의 마지막 단계에서 돌아보는 인생 여정은, 자신의 방식대로 걸어온 충만한 나의 길을 찬미한다. "난 모든 것에 정면으로 맞서며 늘 당당했고, 내 방식대로 행동했지."라며 그윽한 향기를 내뿜는 말년에 들어선 인간은 멋지다. 영화 〈친구〉(곽경택, 2001)에서 유오성이 이 노래를 영어로 부르는 노래방 장면은 아이러니 효과까지 보이며 뭉클하게 만드는 구석이 있다. 조폭에게도 '내 인생길 가기'라는 나름대로의 생각이 있다는 것을 보여 주는 상징적 장면이기도 하다. 그렇다. 누구나 사회가 요구하는 페르소나라는 마스크를 쓰고 살지만, 결국 인간은 맨 얼굴로 자신의 삶을 직시하는 고독한 존재가 아니던가.

여성은 왜 <마이 웨이>를 부르지 못하는 것일까?

그런데 여성들은 왜 〈마이 웨이〉를 부르지 않는 것일까?, 라는 궁금증이 든다. 세상이 말하는 여성의 인생길, 누군가의 '딸-연인/아내-어머니-며느리' 등으로 이어지는 현대판 삼종지도에 얽매이지 않은 채 그저 자기 자신으로 세상에 직면하는 나의 길은 여성에겐 불가능한 것일까? 고교시절 국어 선생님이셨던 문정희 선생님의 시처럼 "학창 시절 공부도 잘하고/ 특별 활동에도 뛰어나던 그녀 (…) 크고 넓은 세상에 끼지 못하고/ 부엌과 안방에 갇혀 있을까?/ 그 많던 여학생들은 어디로 갔는가." 한때 자신의 본색에 걸맞은 꿈을 가졌던 그 많던 여학생들이 누군가의 아내나 어머니로 사느라 아줌마라는 무리 속에 묻혀 버리고 만 것일까? 나의 길이 곧 정해진 여자다운 인생길이라는 집단최면에 빠진 것일까? 〈마이 웨이〉를 부를 주체가 못 되는 게 여성의 본색일까?

"여자는 약해도 어머니는 강하다"라는 속설, 어버이날이면 쏟아져 나오는 헌신적인 모성 찬양론 속에 개봉한 〈써니〉(강형철, 2011)는 그런 궁금증을 돌파하며 또 다른 대안을 재현해낸다. 1980년대 고등학생이었던 7공주파 '써니'가 25년 만에 친구의 죽음을 앞두고 재회한다.

먹고살 만하지만 아내와 엄마란 신분으로 맥없이 살아가던 나미는 화가가 꿈이었다. 쌍꺼풀 만들기에 매진했던 장미는 실적 부진한 보험설계사로 고달픈 일상에 치여 산다. 입에 욕을 물고 살던 활력소녀 진희는 성형 여왕이자 사모님으로 변신했다. 문학소녀 금옥은 시집살이에 눌려 눈치보기 9단이 돼버렸다. 미스코리아를 꿈꾸던 국희는 술집 여자로 전락하여 알코올중독자가 돼버렸다. 냉정한 얼음공주 수지는 행방불명이다. '써니'의 대장이었던 춘화는 독신 사장으로 성공했지만 시한부 암 말기 환자로 곧 다가올 죽음을 기다리고 있는 중이다.

25년간 저마다의 이유로, 아마 여자답게 주어진 길을 가느라 친구들을 만나지 못한 채 살아왔던 그들은 소녀시절에 접속하면서 제2의 인생을 살아갈 전환점에 들어선다. 우정의 힘이 작동한 것이다. 이제 이들은 "여자를 살리는 건 여자친구"라는 당연한 명제가 신나는 디스코 음악에 실려 웃고 울리며 인생 역전 드라마가 인생 이모작 여정을 실천해나간다.

〈써니〉 포스터

제2의 인생 전환점에서 우정과 음악이

특히 음악에 딱 맞는 이미지로 화면에 생동감을 불어넣는 강형철 감독의 연출력은 기차게 역동성을 발휘한다. 이를테면 악을 쓰며 고통을 겪던 춘화의 병실에 들어와 조심스레 사진을 보는 나미 뒤에서 춘화가 흥얼거린다. "그~저 바라만 보고 있지/ 그~저 눈치만 보고 있지/ 늘 속삭이면서도/ 사랑한다는 그 말을 못해…." 80년대를 풍미한 〈빙글빙글〉이란 가수 나미의 신나는 디스코 노래가 시들어가던 이들에게 만남이란 주문을 걸기 시작한 것이다.

옛 친구와의 만남이 결국 꿈을 지녔던, 자신의 본색과 만나는 일생일대의 만남으로 점화된다. 바로 그 지점을 노스탤지어 감성 코드로 살려낸 80년대 일상풍경 재현장면들에서 활력의 에너지가 넘쳐난다. 〈라붐〉의 주제곡 〈리얼리티〉가 사랑을 대변하던 시대, 민주화 투쟁장면도 당대를 휩쓴 노래의 날개를 타고 발랄하게 비상한다. 최루탄과 방패가 난무하는 거리투쟁이 〈터치 바이 터치〉에 실려 소녀들의 격돌과 하나로 어우러지는 장면에선 객석 웃음이 폭발한다.

웃고 울며 영화를 보노라면 그녀들의 본색이 회복되어 나의 길 가기로 진화되는 막판에 도달하게 된다. "써니, 과거 내 인생엔 비가 내렸지. 써니, 네가 미소 짓자 고통이 지워졌어. 이제 어두운 날들은 가고, 밝은 날들이 왔어." 보니 엠의 〈써니〉를 부르며 춤추는 그녀들. 드디어 여성본색을 발견하고 힘까지 주는 한국 영화의 탄생에 축배를 올린다. (2011. 5. 10)

팁 진정한 여성본색의 발견이 남성의 인생길에도 도움이 된다는 사실을 이미 영화를 본 남성의 찬탄이 증명해 준다.

호모 루덴스 우정

<즐거운 인생>, <브라보 마이 라이프>

설날 연휴, 미국에 사는 언니에게서 전화가 왔다. 세시봉 콘서트를 보면서 울고 웃으며 느낀 감동을 전해 주었다. 평소 TV를 안 보기에 나는 당연히 그 프로그램을 못 봤지만, 언니가 강하게 느낀 노스탤지어 깃든 감흥이 마음에 와 닿았다. 영화광 이전에 음악광인 내게 한국이 낳은 천재 뮤지션은 신중현과 송창식이다. 그러니 의무감처럼 당장 인터넷에 들어가 지난 추석에 방영되었던 세시봉 토크쇼를 보았다.

화제가 된 세시봉 콘서트

40여 년 지기만이 나눌 수 있는 이야기를 하다가 누군가 통기타를 뜯으면 즉각적으로 이루어지는 자연스러운 하모니는 혀를 차게 만든다. 개량 한복 차림의 송창식이 여전히 우수 담긴 환상적 미성으로 들려주는 과거의 노래들, 번안 포크송으로부터 전통 가락에 영향을 받으며 만들어낸 곡들, 〈한번쯤〉, 〈맨처음 고백〉, 그리고 〈담뱃가게 아가씨〉…. 성형하고 춤을 가르쳐 만들어낸 돈벌이용 기획가수를 아이돌스타라고 떠받드는 대중음악 상업화 시대, 그야말로 음악의 본질을 죽여 버린 이 시대에 노래인생에 자신을 바치며 밥만 먹여 주면 노래하던 이들을 집단으로 만나는 것은 신선한 충격과 감동이었다.

그 후 나는 30여 년 간 우정을 나눠 온 선배 언니와 같이 뒤늦게 콘서트를 따라 잡으며 보노라니, 많은 이들이 느낀 감동의 핵심은 오래된 음악 우정이라는 생각이 든다. 와인 맛의 정수가 세월이 발효시킨 그윽함에서 나오기에 "오래된 우정이란 오래된 와인과 같다"라고 표현한 것이리라. 세시봉 콘서트의 파장을 타고 "우리도 저렇게 늙자"라고 친구들과 다짐한 것은 새해의 축원이었다. 이런 체험은 새로운 것에 도취하여 젊음 중독증에 걸린 한국 사회에서 '올디스 벗 구디스(Oldis but Goodis)', 오래된 것이지만 좋은 것이라는 가치를 일깨워준 사건이었다.

세시봉 친구들이 서로 험담을 하더라도 신뢰와 사랑이 배어나오는 유머로 작동하는 것도 40여 년 우정의 힘 덕분

〈즐거운 인생〉 포스터

이다. 그 사람 자체를 있는 그대로 좋아하기 때문이다. 이들이 열창한 〈렛 잇 비 미(Let it be me)〉가 바로 그 자체를 증명해낸다. 여자들 중엔 결혼 후 친구를 잃기도 한다. 안타깝기 짝이 없는 우정 경력의 단절이다. 하지만 여성 역시 우정의 힘으로 산다. 우정의 진실을 노래 속에 보여 준 〈맘마미아〉가 뮤지컬로 또 영화로 대성공을 거둔 이유가 그 증명이다. 그런 면에서 세시봉 친구들이 우정은 '남성판 맘마미아'로 보이기도 한다. 특히 인간의 영혼을 위로하고 삶을 고무시키는 음악을 매개로 놀이하는 인간의 본질에 정초한 '호모 루덴스 우정'이야말로 우리를 고단한 삶으로부터 구원한다.

그러노라니 음악을 매개로 삶을 구원하는 우정의 힘을

보여 준 영화들이 떠오른다. 〈즐거운 인생〉(이준익, 2007), 〈브라보 마이 라이프〉(박영훈, 2007)에선 돈벌이와 가장 역할에 지쳐 떨어져 나간 중년 남성들이 우정의 힘에 기댄 밴드 구성으로 새롭게 출발하는 제2의 인생을 정겹게 드러내 준다.

우정, 그건 너무 좋은 거야!

오래된 친구는 삶의 보물이다. '그건 너무 좋은 거야!'라는 뜻의 프랑스어 세시봉(C'est si bon!)이다. 이브 몽탕이 부른 이 샹송의 한 대목에서 "서로 팔을 낀 채 이 노래 저 노래를 부르며 아무 데로나 떠나는 건 세시봉!"이라고 예찬한다. 이 노래에 반한 루이 암스트롱이 미국에서 영어판 리메이크를 만들기도 한 전설적인 곡이다. 아마도 이 샹송을 좋아하는 분이 고달픈 전후 음악다방 이름을 그런 우정의 예찬에 공명하면서 '세시봉'이라고 지은 것이리라. 그리고 40여 년이 흐른 후 세시봉은 이제 한국 사회에서 단순한 샹송 제목이 아니라 음악 우정의 상징어로 작동하기에 이르렀다. 당신의 우정에 우리의 우정에 '세시봉!'이란 축하 인사를 보내드린다. (2011. 2. 8)

팁 이들과 음악 우정을 쌓아온 사람들, 그중에서도 군부독재시절 검열의 억압 속에 얼토당토않은 금지곡을 당했던 음악 시인 김민기가 이 자리에 함께 하지 못한 점이 아쉽게 다가온다. 표현의 자유 문제가 화제성 이야기가 되지 못한 것, 그것 또한 시대적 아픔을 여전히 보여 주는 것만 같다.